QuerBeet

DAS LIEDERBUCH 3

205 Neue Lieder

KETTELERVERLAG

IMPRESSUM

QuerBeet 3, Das Liederbuch

Herausgeber: Jugendbildungsstätte der KAB & CAJ gemeinnützige GmbH
Schlosshof 1, 93449 Waldmünchen
Tel: 09972/9414-0
office@jugendbildungsstaette.org
www.jugendbildungsstaette.org

1. Auflage 2007

Verlag: Ketteler Verlag GmbH Köln
Niederlassung Waldmünchen
Schloßhof 1, 93449 Waldmünchen
www.ketteler-verlag.de

Liedauswahl und
Zusammenstellung: Harald Dobler, verantwortlicher Redakteur; Alois Nock; Marco Schleicher; Hans Wax; Julian Botzenhart; Stefanie Mauerer; Martin Kowalski; pädagogische Mitarbeiter/innen der JBS Waldmünchen

Notensatz,
technische Bearbeitung
und Kommentierung: Harald Dobler

Rechte und Lizenzen: Angela Nock

Layout und Satz: Susanne Stumpf, Kommunikation & Design, www.stumpf-design.de

Druck: Spintler Druck und Verlag GmbH

ISBN: 978-3-927494-96-1

Wir möchten uns an dieser Stelle bei allen Verlagen und Autoren bedanken, die durch ihr Entgegenkommen bei der Lizenzvergabe mit dazu beigetragen haben, diese Sammlung herausgeben zu können. Trotz umfangreicher Recherchen ist es uns nicht in allen Fällen gelungen, die Rechtsverhältnisse einzelner Titel zu klären. Für Hinweise auf die Inhaber der Text- und Musikrechte dieser Titel sind wir dankbar.

> Bibliografische Information der Deutschen Nationalbibliothek
> Die Deutsche Nationalbibliothek verzeichnet diese Publikation in der Deutschen Nationalbibliografie; detaillierte bibliografische Daten sind im Internet über http://dnb.ddb.de abrufbar.

205 AUSGEWÄHLTE LIEDER

RELIGIÖSE LIEDER	5 - 70
VOLKSLIEDER	71 - 92
KINDER- & SPASSLIEDER	93 - 125
SCHLAGER- & CHANSONS	127 - 145
MUSICALS & FILMMUSIK	147 - 162
ROCK & POP	163 - 235
OLDIES	237 - 312
INTERNATIONALE LIEDER	313 - 328
BELIEBTE INSTRUMENTALSTÜCKE	329 - 350

ALLER GUTEN DINGE SIND DREI !!!

Trotz der vielen Arbeit, die mittlerweile mit der Herausgabe eines Liederbuches verbunden ist, haben wir uns entschlossen die Reihe fortzusetzen und entsprechen damit den vielfach geäußerten Wünschen.

Das bewährte Konzept wurde beibehalten; ergänzt haben wir die neue Liedkategorie „Beliebte Instrumentalstücke", um den Gitarrenspielerinnen und -spielern einen weiteren Anreiz zu bieten.

Bei der Zusammenstellung wurde darauf geachtet, dass diese nur aus neuen Liedern besteht, die noch nicht in QuerBeet 1 oder QuerBeet 2 enthalten sind.

Besonderer Dank geht wieder an drei Personen des QuerBeet Kern-Teams, nämlich Harald Dobler, Susanne Stumpf und Angela Nock, die dafür verantwortlich sind, dass Sie das Liederbuch in Händen halten.

Aufgrund der Lizenz- und Rechtesituation konnte der bislang bekannt günstige Preis für unsere Liederbücher nicht mehr gehalten werden. Qualität, Aktualität und Vielfalt der gewählten Titel werden Sie überzeugen und den Preis rechtfertigen.

So wünschen wir Ihnen wieder viel Spaß beim Singen und Musizieren mit dem neuen Liederbuch QuerBeet 3 nach dem Motto:
Playback ist out – selber singen ist cool, auch ohne Casting Show!!

Alois Nock
Leiter der Jugendbildungsstätte Waldmünchen

RELIGIÖSE LIEDER

RELIGIÖSE LIEDER

EINGELADEN ZUM FEST DES LEBENS

Text & Musik: Kathi Stimmer-Salzeder   aus: „Eingeladen!", Partiturheft zur CD
© Kathi Stimmer-Salzeder, D-84544 Aschau am Inn

```
     D7           G  Em Am7
Ref: Eingeladen zum Fest des Lebens...

     G      B7   Em    A      Bm    Em7 A7 D7         D7
2.   Und wir schauen, staunen, fühlen ganz neu, was uns allen   blüht.  Ref: Eingeladen...

     G      B7   Em    A      Bm    Em7 A7  D7         D7
3.   Und wir loben, danken, richten uns auf, geben Gott   die Ehre.   Ref: Eingeladen...
```

EINGELADEN ZUM FEST DES GLAUBENS

Text: Eckert Eugen   Musik: Veciana Alejandro   © Strube Verlag München-Berlin

```
         G           D         C          G
2. Und so kamen sie in Scharen, brachten ihre Kinder mit,
   D    Em7        Bm7       Em7        Asus4
   ihre Kranken, auch die Alten, selbst die Lahmen hielten Schritt.
   A      F        C9    C      Es         Bb9
   Von der Straße, aus der Gosse, kamen Menschen ohne Zahl,
   Bb  C  Dm       F           G         C D
   und sie hungerten nach Liebe und nach Gottes Freudenmahl:

   G    C9
Ref: Eingeladen...


         G           D         C          G
3. Und dort lernten sie zu teilen, Brot und Wein und Geld und Zeit;
    D    Em7        Bm7       Em7        Asus4
   und dort lernten sie zu heilen, Kranke, Wunden, Schmerz und Leid;
   A      F        C9    C      Es         Bb9
   und dort lernten sie zu beten, dass Dein Wille, Gott, geschehe;
   Bb  C  Dm       F           G         C D
   und sie lernten so zu leben, dass das Leben nicht vergehe:

   G    C9
Ref: Eingeladen...


         G           D         C          G
4. Aus den Dörfern und aus Städten, von ganz nah und auch von fern,
    D    Em7        Bm7       Em7        Asus4
   mal gespannt, mal eher skeptisch, manche zögernd, viele gern,
   A      F        C9    C      Es         Bb9
   folgen wir den Spuren Jesu, folgen wir dem, der uns rief,
   Bb  C  Dm       F           G         C D
   und wir werden selbst zu Boten, dass der Ruf noch gilt, der lief:

   G    C9
Ref: Eingeladen...
```

HERR, ERBARME DICH

Urheber unbekannt

EHRE SEI GOTT

Text & Melodie: Albert Frey   © 1995 Hänssler Verlag, 71087 Holzgerlingen für Immanuel Music, Ravensburg

Ref: Eh-re sei Gott, Eh-re sei Gott in der Hö - he, in der Hö - he. Eh-re sei Gott und Frie-de auf Er - den den Men - schen sei-ner Gna - de. 1. Wir lo-ben dich, wir prei-sen dich, wir be-ten dich an. Wir rüh-men dich und dan-ken dir, denn groß ist dei-ne Herr - lich-keit.

Refrain und Strophe beliebig wiederholen

HERR, GIB OHREN, DICH ZU VERSTEHN

Text & Musik: Volksweise Urheberrechtlich frei

1. Herr, gib Ohren, Dich zu ver-stehn. Gib uns Au-gen, Dich auch zu sehn, denn noch glau-ben wir Dei-nem Wort: "Ich bin da an je-dem Ort!"

```
   G      D     Em     D G    D    Em      D
2. Mensch bist Du geworden für uns, bist inmitten unseres Tuns,
   Bm     Am    D7     G  Em   D7    B7 Em
   Mensch wie wir - und darum verkannt - ziehst Du mit uns unerkannt.

   G      D     Em     D G    D    Em      D
3. Jesus Christus, sei nicht nur Gast! Trage mit uns unsere Last!
   Bm Am  D7     G  Em  D7    B7 Em
   Trage mit uns unsere Welt und die Fragen, die sie stellt.

   G      D     Em     D G    D    Em      D
4. Herr, gib Ohren, Dich zu verstehn. Gib uns Augen, Dich auch zu sehn,
   Bm     Am    D7     G  Em   D7    B7 Em
   denn noch glauben wir Deinem Wort: "Ich bin da an jedem Ort!"
```

Es fällt mir schwer, an Gott zu glauben.
Noch schwerer fällt mir, nicht an ihn zu glauben.

Kurtmartin Magiera

HALLELUJA

Text & Musik: Kathi Stimmer-Salzeder, D-84544 Aschau am Inn

```
            F        Gm  F
Ref: Halleluja, Halleluja,...


         F              Gm     C
2.  Loben wolln wir unseren Gott,
          Dm7           Gm      C
    der uns Leben gibt durch sein liebendes Wort,
          Bb     C        F
    der uns Mut macht, Hoffnung zu tragen
          Bb      F   Bb  C
    und Glauben zu wagen jeden Tag!
```

HALLELUJA RUF

Musik & Text: Herkunft unbekannt (evt. Irland)

DU SEI BEI UNS

Text: Laubach Thomas   Musik: Quast Thomas   aus: Nimm aus meiner Hand das Brot, 1991 alle Rechte im tvd-Verlag, Düsseldorf

GEBROCHENES BROT

Text & Musik: Gerhard Hany   Alle Rechte vorbehalten

2. Ein Menschensohn gibt sich ganz hin, stirbt und schenkt uns sein Leben.
Er wird zum Brot, das Leben heißt und will uns Hoffnung geben. Ref: Gebrochenes Brot...

3. Der Mensch lebt nicht vom Brot allein, auch Gottes Wort gibt Leben.
So sind sein Wort und unser Brot zum Leben uns gegeben.   Ref: Gebrochenes Brot...

WENN WIR UNSRE GABEN BRINGEN

Text & Musik: Kathi Stimmer-Salzeder aus: „Lied der Hoffnung" 3   © Kathi Stimmer-Salzeder, D-84544 Aschau am Inn

1. Wenn wir uns-re Ga-ben brin-gen, sol-len sie ein Zei-chen sein, dass wir da sind, um zu fei-ern, denn Gott lädt uns al-le ein.

```
    D     A  Bm  Fism   G    Bm   Em7   A
2. Wenn wir unsre Gaben bringen, lasst uns preisen unsern Gott,
    D     A     Bm   Bm/A G   D    A     D
   der uns schenkt die Frucht der Erde, Leben gibt in Wein und Brot.
```

```
    D     A  Bm  Fism   G    Bm   Em7   A
3. Wenn wir unsre Gaben bringen, bringen wir uns selber dar.
    D     A  Bm  Bm/A G   D    A     D
   Was wir sind und mit uns tragen, legen wir auf den Altar.
```

```
    D     A  Bm  Fism   G    Bm   Em7   A
4. Wenn wir unsre Gaben bringen, wollen wir Gemeinschaft sein,
    D     A  Bm Bm/A G       D    A     D
   dann bist Du in unsrer Mitte, schenkst Dich uns in Brot und Wein.
```

HEILIG, DER DA WAR

Text: Eckert Eugen   Musik: Heine Herbert   © Strube Verlag München-Berlin

VATER IM HIMMEL

Text: Vater unser Melodie: Guantanamera Musik: Adapted by Pete Seeger/Julian Orbon

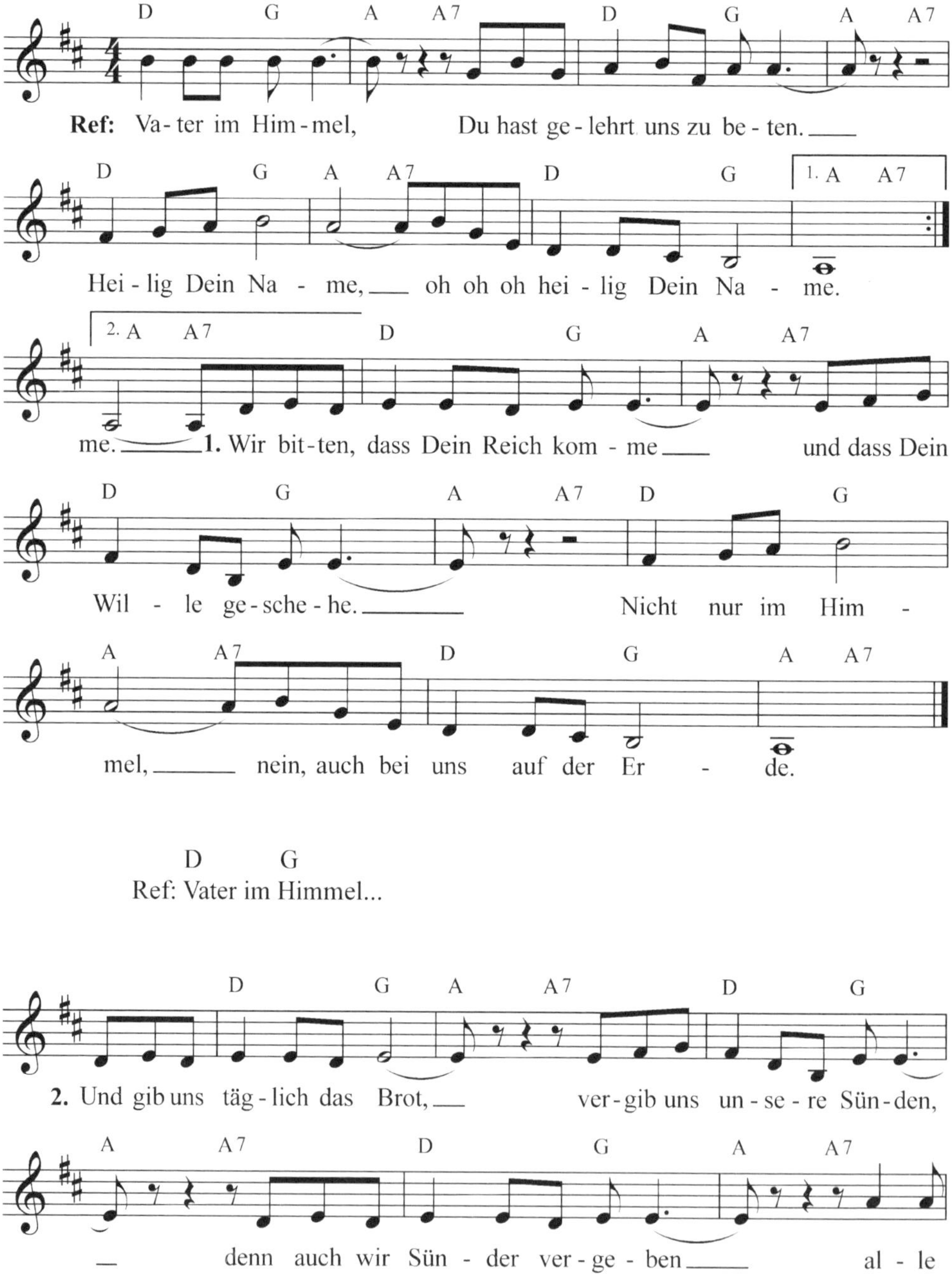

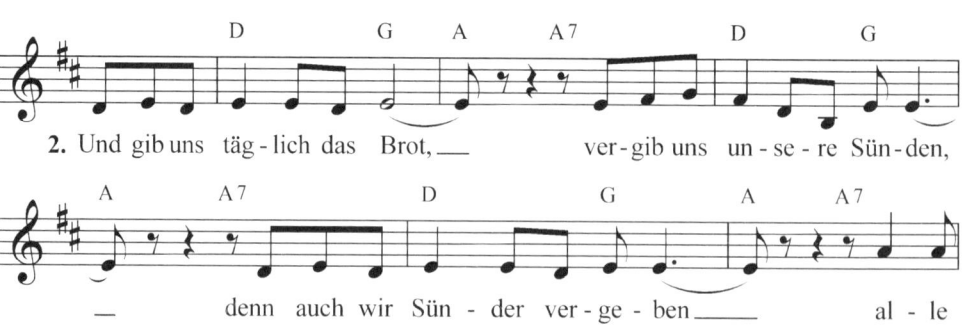

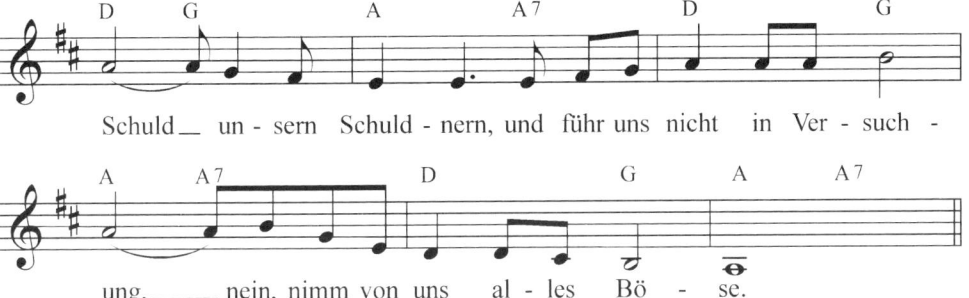

Ref: Vater im Himmel...

Ref: Vater im Himmel...

DU BIST HEILIG, DU BRINGST HEIL

Text und Musik: Per Harling   Übersetzung: Fritz Baltruweit
Per Harling, Ton-Visproduktion-AB, Uppsala Rechte für die Übersetzung: tvd-Verlag Düsseldorf

FRIEDE MIT DIR

Text: Alois Albrecht   Musik: Reinhard Horn   aus: Liederbuch „Zu allen Zeiten"
© KONTAKTE Musikverlag, 59557 Lippstadt

1. Frie - de mit dir, Frie - de mit mir.
2. Frie - de mit den Na - hen, Frie - de mit den Fer - nen.
3. Frie - de mit der Schöp - fung und mit al - len We - sen,
4. schenk uns Herr, Scha - lom.

DER FRIEDE SEI MIT DIR

Text & Musik: Kathi Stimmer-Salzeder, D-84544 Aschau am Inn

```
          G    C    Am
Ref: Der Friede sei mit dir,...

      C              G    C              G
2.  Gott will heut' unserm Leben den wahren Frieden geben,
         Em       A7        D7           G
    wenn jeder jetzt dem andern die Hände reicht.   Ref: Der Friede...
```

GOTT, ICH DANKE DIR

Text & Musik: Bayer Alexander   Rechte beim Ensemble Entzücklika

      D7   G   C
Ref: Gott, ich danke Dir...

        F   C   D7   G   F   C
2. Ich denke an Dich, wenn ich wache; und selbst im Traum
          D7   G
    wirst Du mein Lebensraum!

      D7   G   C
Ref: Gott, ich danke Dir...

        F   C   D7   G   F   C
3. Du gibst im Schatten Deiner Flügel mir Trost und Halt,
          D7   G
    meiner Seele Gestalt!

      D7   G   C
Ref: Gott, ich danke Dir...

HERR, DEINE LIEBE IST WIE GRAS UND UFER

Text: Hansen Ernst   Musik: Lundberg Lars Ake   © Strube Verlag München-Berlin

```
       D        Em    A7         D
2. Wir wollen Freiheit, um uns selbst zu finden,
   Bm        Em    A7         D
   Freiheit, aus der man etwas machen kann.
   A       D       Em        Fis
   Freiheit, die auch noch offen ist für Träume,
   D        G      Em       Fis A7    D       Em
   wo Baum und Blume Wurzeln schlagen kann.   Ref: Herr, Deine Liebe...


       D         Em    A7          D
3. Und dennoch sind da Mauern zwischen Menschen,
   Bm        Em   A7       D
   und nur durch Gitter sehen wir uns an.
   A       D      Em        Fis
   Unser versklavtes Ich ist ein Gefängnis
   D        G      Em       Fis A7    D       Em
   und ist gebaut aus Steinen unsrer Angst.   Ref: Herr, Deine Liebe...


       D        Em     A7         D
4. Herr, du bist Richter! Du nur kannst befreien,
   Bm        Em        A7          D
   wenn Du uns freisprichst, dann ist Freiheit da.
   A       D      Em              Fis
   Freiheit, sie gilt für Menschen, Völker, Rassen,
   D       G     Em       Fis A7     D       Em
   so weit wie Deine Liebe uns ergreift.   Ref: Herr, Deine Liebe...
```

JESUS IN MY HOUSE

Text & Musik: Judy Bailey   Deutsch: Guido Baltes, Patrick Depuhl, Judy Bailey
© 2000 Dyba Music www.judybailey.com

```
      D              G            D           A
2. Thank You for the purpose You have placed in me.
      D              G            D           A
   Thank You for forgiveness and the chance to start again.
      D          G         D      A
   I face the future knowing I will be
      G             A       D
   safe and sound with Jesus in me.

                      G
Ref: I'm so glad that Jesus lives...


      D              G          D        A
1. Danke, Vater, für das Leben, das Du gibst.
      D            G           D           A
   Ich darf neu beginnen, weil Du meine Schuld vergibst.
      D           G         D         A
   Ich gehe vorwärts, denn ich weiß bestimmt:
      G        A         D
   Jesus ist in mir jeden Tag.

                    G      A       D          G     A    Bm
Ref: Ich bin froh mit Jesus in meinem Haus. Gut zu wissen: Jederzeit ist er hier.
                  G        A      Bm         G       A       D
   Mein Leben lang, Jesus in mir, in meinem Haus, für allezeit und in Ewigkeit.


      D              G          D        A
2. Danke, dass Du meinem Leben Zukunft gibst.
      D            G           D           A
   Ich darf neu beginnen, weil Du meine Schuld vergibst.
      D           G         D         A
   Ich gehe vorwärts, denn ich weiß bestimmt:
      G        A         D
   Jesus ist bei mir jeden Tag.

                    G      A       D
Ref: Ich bin froh mit Jesus in meinem Haus...
```

HERR, DU BIST MEIN LEBEN

Text & Musik: unbekanntes Liedgut

1. Herr, Du bist mein Leben, Herr, Du bist mein Weg. Du bist meine Wahrheit, die mich leben lässt. Du rufst mich beim Namen, sprichst zu mir Dein Wort, und ich gehe Deinen Weg, so lange Du es willst. Mit Dir hab ich keine Angst, gib Du mir die Hand und ich bitte, bleib doch bei mir.

````
       Em          C         D            G
2.     Jesus unser Bruder, Du bist unser Herr.
       Em          C         D              G
       Ewig wie der Vater, doch auch Mensch wie wir.
       Am             D         G       Em
       Dein Weg führte durch den Tod in ein neues Leben.
       C          D            G              B7
       Mit dem Vater und den Deinen bist Du nun vereint.
       Am             D7       G          Em
       Einmal kommst Du wieder, das sagt uns Dein Wort,
       C          D       Em
       um uns allen Dein Reich zu geben.
````

```
     Em       C    D        G
3.  Du bist meine Freiheit, Du bist meine Kraft.
     Em            C    D        G
    Du schenkst mir den Frieden, Du schenkst mir den Mut.
     Am         D   G            Em
    Nichts in diesem Leben trennt mich mehr von Dir,
     C             D          G           B7
    denn ich weiß, dass Deine Hand mich immer führen wird.
     Am        D7        G             Em
    Du nimmst alle Schuld von mir und verwirfst mich nie,
     C            D         Em
    lässt mich immer ganz neu beginnen.


     Em       C    D        G
4.  Vater unsres Lebens, wir vertrauen Dir.
     Em         C    D         G
    Jesus, unser Retter, glauben woll'n wir Dir.
     Am         D    G        Em
    Und Du Geist der Liebe, atme Du in uns.
     C            D            G          B7
    Schenke Du die Einheit, die wir suchen in der Welt.
     Am        D7      G        Em
    Und auf vielen Wegen führe uns ans Ziel,
     C           D        Em
    mache uns zu Boten der Liebe.
```

VOLL VERTRAUEN GEHEN WIR

Text: Gebet Melodie: trad.

```
        E              Cism
Ref: Voll Vertrauen gehen wir...

       Cism        Fism          B           A         E
2.  Doch der Weg wird manchmal auch ein Stück durch die Wüste führn,
       Cism        Fism          B         A         E
    und wir haben Angst davor, blind uns nur im Kreis zu drehn.
       Cism       Fism         B        A       E
    Wir bitten Dich, o Gott, um Kraft zum Weitergehn,
       Cism       Fism         B        A E
    wir bitten Dich, o Gott, um Kraft zum Gehen.

        E              Cism
Ref: Voll Vertrauen gehen wir...

       Cism        Fism          B           A       E
3.  Wenn Du, Vater, mit uns gehst, kann der Weg nicht sinnlos sein,
       Cism        Fism          B          A       E
    wenn Du an der Hand uns nimmst, wissen wir uns nie allein.
       Cism       Fism        B        A       E
    Wir können Dir, o Gott, unser Leben anvertraun,
       Cism       Fism        B       A E
    wir können mit Dir, o Gott, unser Leben wagen.

        E              Cism
Ref: Voll Vertrauen gehen wir...
```

Das Zwischenspiel kann auch am Anfang und am Ende des Stücks gespielt werden.

Traue nicht dem, der von weither kommt,
sondern dem, der von dort zurückkehrt.

Spanisches Sprichwort

IRISCHE SEGENSWÜNSCHE

Melodie: Volksweise aus Irland   Textfassung und Akkordbezifferung: Hermann J. Settelmeyer
Mit freundlicher Genehmigung von Herrn Settelmeyer

```
       F      C     Dm        A
2. Führe die Straße, die du immer gehest,
       Bb          F        Gm  C7
   stets dich nur zu deinem Ziel allein;
       F      C     Dm        A
   habe im Leben Wärme und Hoffnung
       Bb          C7              F
   und in dunkler Nacht des Mondes Schein.


       Bb    C     F     C
Ref: Bis wir uns einst wieder sehen...


       F      C     Dm        A
3. Hab' unterm Kopf ein weiches Ruhekissen,
       Bb          F        Gm  C7
   habe Kleidung und das täglich Brot;
       F      C     Dm        A
   möge des Herren Huld dich bewahren
       Bb          C7              F
   alle Zeit vor jeder Angst und Not.


       Bb    C     F     C
Ref: Bis wir uns einst wieder sehen...


       F      C     Dm        A
4. Bis wir dereinst uns einmal wiedersehen,
       Bb          F        Gm  C7
   hoffe ich, dass Gott dich nicht verlässt.
       F      C     Dm        A
   Er halte dich stets in seinen Händen,
       Bb          C7              F
   führe dich durchs Leben treu und fest.


       Bb    C     F     C
Ref: Bis wir uns einst wieder sehen...
```

ICH SEH NEUE ZWEIGE

Textrechte beim Ensemble Entzücklika.
Aus: Nacht-Wandler, Schwabenverlag 2001   Musik: Pytlik Markus   © Strube Verlag München-Berlin

```
             D            Em                 A
Ref: Ich seh neue Zweige aus dem Stumpf entsprießen...


          D    G            C       D7    G
2.   Ich seh Fromme, die nicht mehr von Angst getrieben,
         C      G        Am        B
      seh die doppelten Erträge des Danks,
        Em       Cmaj7          D           Gmaj7
      seh die Liebe Platz den Wachsenden geben
         G     Gm     D     G     E7      Asus4   A
      und ein off'nes Klima den Gemeinden Glanz.


             D            Em                 A
Ref: Ich seh neue Zweige aus dem Stumpf entsprießen...
```

LASST UNS UNSRE CHRISTENFREUDE TRAGEN

Text & Musik: Bayer Alexander   Rechte beim Ensemble Entzücklika   Aus: Nacht-Wandler, Schwabenverlag 2001

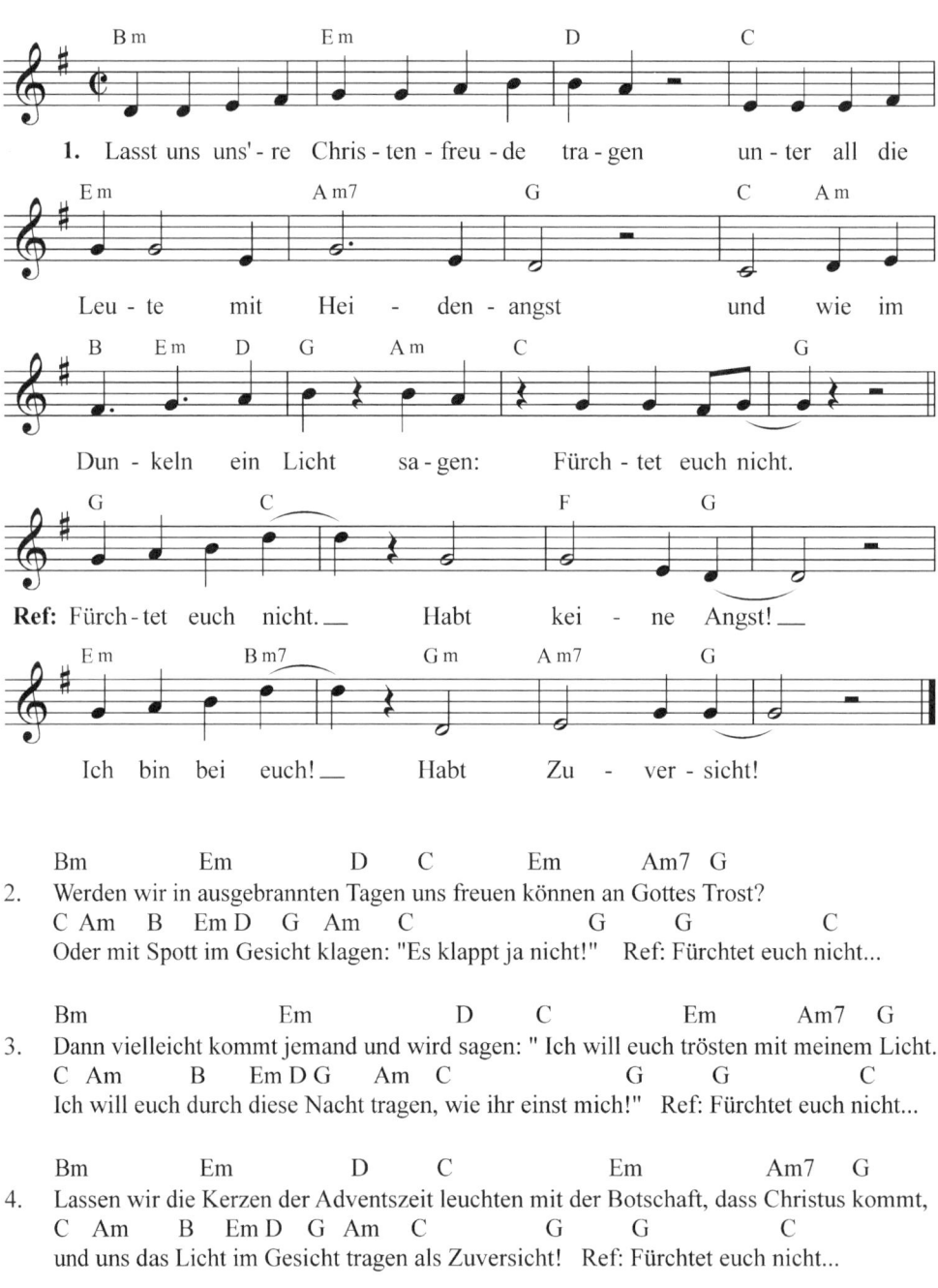

```
       Bm           Em              D         C           Em       Am7  G
2. Werden wir in ausgebrannten Tagen uns freuen können an Gottes Trost?
   C  Am     B   EmD G  Am    C              G         G          C
   Oder mit Spott im Gesicht klagen: "Es klappt ja nicht!"   Ref: Fürchtet euch nicht...

       Bm           Em              D         C           Em       Am7  G
3. Dann vielleicht kommt jemand und wird sagen: "Ich will euch trösten mit meinem Licht.
   C  Am     B   EmD G  Am    C              G         G          C
   Ich will euch durch diese Nacht tragen, wie ihr einst mich!"   Ref: Fürchtet euch nicht...

       Bm           Em              D         C           Em       Am7  G
4. Lassen wir die Kerzen der Adventszeit leuchten mit der Botschaft, dass Christus kommt,
   C  Am     B   EmD G  Am    C              G         G          C
   und uns das Licht im Gesicht tragen als Zuversicht!   Ref: Fürchtet euch nicht...
```

LICHT DER LIEBE

Text: Eckart Bücken   Musik: Detlev Jöcker   Aus: Das Liederbuch zum Umhängen 1
© Menschenkinder Verlag u. Vertrieb GmbH, Münster

```
              G           C    D         G            Em       A
1. Ein Licht geht uns auf in der Dun-kel-heit, durch-bricht die Nacht
   D         D7            C          G          B7        Em
   und er-hellt die Zeit. Ref: Licht der Lie-be, Le-bens-licht,
   C            G                Dsus4 D    C            G
   Got-tes Geist ver-lässt uns nicht.        Licht der Lie-be,
   B7     Em         C               D                  G
   Le-bens-licht, Got-tes Geist ver-lässt uns nicht.
```

        G   C   D   G
2. Ein Licht weist den Weg, der zur Hoffnung führt,
        Em   A   D   D7   C   G
    erfüllt den Tag, dass es jeder spürt.   Ref: Licht der Liebe...

        G   C   D   G
3. Ein Licht macht uns froh, wir sind nicht allein.
        Em   A   D   D7   C   G
    An jedem Ort wird es bei uns sein.   Ref: Licht der Liebe...

        G   C   D   G
4. Ein Licht steckt uns an, macht uns selbst zu Licht.
        Em   A   D   D7   C   G
    Wir fürchten uns, weil wir leuchten nicht. Ref: Licht der Liebe...

WAGT EUCH ZU DEN UFERN

Text & Musik: Gregor Linßen   aus: Lied vom Licht   © 1990 EDITION GL, Neuss

1. Du bist das Feuer, das den Dornbusch nicht verbrennt.
Du bist die Stimme, die uns beim Namen nennt.
Du bist der, der das Meer zerteilt und schützend uns umgibt;
unsre Hoffnung siegt im Bund mit Dir.

Ref: Wagt euch zu den Ufern, stellt euch gegen den Strom.
Brecht aus euren Bahnen, vergebt ohne Zorn.
Geht auf Gottes Spuren, geht, beginnt vorn.
Wagt euch zu den Ufern, stellt euch gegen den Strom.

```
            D         Bm7          Gmaj7         D
2.  Du bist das Wasser, das dem harten Stein entspringt.
         G               Em7            Asus4  A
    Du bist in Brot und Wein, die Kraft, die uns durchdringt.
         G          Fism7        Em7    A7      D
    Du bist der, der die Fesseln sprengt, der uns vom Tod erweckt;
         G   D   Em  Bm7      Asus4  A
    unser Glaube trägt im Bund mit Dir.


            D            Fism7
Ref: Wagt euch zu den Ufern...



            D         Bm7          Gmaj7         D
3.  Du bist die Wolke, die uns durch die Wüsten führt.
         G               Em7            Asus4  A
    Du bist die Ewigkeit, die uns im Traum berührt.
         G          Fism7        Em7    A7      D
    Du bist der, der die Liebe lehrt, der Geist, der uns beseelt;
         G   D   Em  Bm7      Asus4  A
    unser Leben zählt im Bund mit Dir.


            D            Fism7
Ref: Wagt euch zu den Ufern...
```

BLEIBET HIER UND WACHET MIT MIR

Musik & Text: Jacques Berthier (1923-1994)   © Ateliers et Presses de Taizé, 71250 Taizé, France

WIE EIN FEST NACH LANGER TRAUER

Text: Jürgen Werth   Melodie: Johannes Nitsch   © 1988 Hänssler Verlag, 71087 Holzgerlingen

Zwischenspiel: Em Bm Em Bm

```
            Em        Bm          C     D     Em
2.  Wie ein Regen in der Wüste, frischer Tau auf dürrem Land.
                      Bm      A     D     G
    Heimatklänge für Vermisste, alte Feinde Hand in Hand.
         Am         D           G            C
    Wie ein Schlüssel im Gefängnis, wie in Seenot "Land in Sicht",
         Am        Bm         C    D7   Em
    wie ein Weg aus der Bedrängnis, wie ein strahlendes Gesicht.
```

```
         D    G
Ref: So ist Versöhnung...   Zwischenspiel: Em Bm Em Bm
```

```
            Em        Bm         C    D     Em
3.  Wie ein Wort von toten Lippen, wie ein Blick, der Hoffnung weckt,
                   Bm         A    D    G
    wie ein Licht auf steilen Klippen, wie ein Erdteil, neu entdeckt.
         Am         D         G             C
    Wie der Frühling, wie der Morgen, wie ein Lied, wie ein Gedicht,
         Am        Bm         C    D7   Em
    wie das Leben, wie die Liebe, wie Gott selbst, das wahre Licht.
```

```
         D    G
Ref: So ist Versöhnung...
```

DA KANNST DU OSTERSPUREN FINDEN

Text: Reinhard Bäcker   Musik: Detlev Jöcker   © Menschenkinder Verlag u. Vertrieb GmbH, Münster

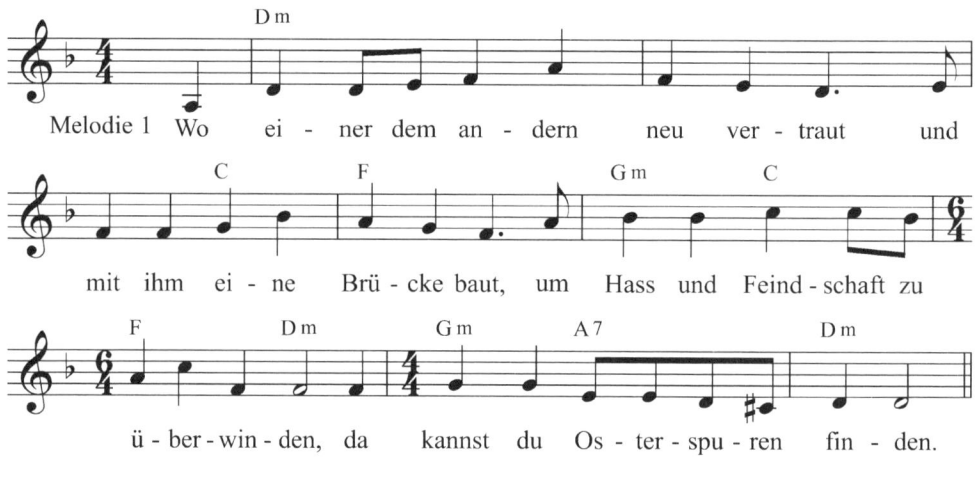

Melodie 1 Wo einer dem andern neu vertraut und mit ihm eine Brücke baut, um Hass und Feindschaft zu überwinden, da kannst du Osterspuren finden.

        Dm   C   F
2. Wo einer am Ende nicht verzagt und einen neuen Anfang wagt,
     Gm   C   F   Dm   Gm   A7   Dm
um Leid und Trauer zu überwinden, da kannst du Osterspuren finden.

Melodie 2 Wo einer im Dunkeln nicht verstummt, sondern das Lied der Hoffnung summt, um Totenstille zu überwinden, da kannst du Osterspuren finden.

Melodie 1

        Dm   C   F
4. Wo einer das Unrecht beim Namen nennt und sich zu seiner Schuld bekennt,
     Gm   C   F   Dm   Gm   A7   Dm
um das Vergessen zu überwinden, da kannst du Osterspuren finden.

	Dm		C	F		
5.	Wo einer das Unbequeme wagt und offen seine Meinung sagt,

      Gm   C   F   Dm   Gm   A7   Dm
     um Schein und Lüge zu überwinden, da kannst du Osterspuren finden.

Melodie 2

       C   F   C   Asus4 A
6. Wo einer gegen die Strömung schwimmt und fremde Lasten auf sich nimmt,
      Gm   C   F   Dm   Gm   A7   Dm
     um Not und Leiden zu überwinden, da kannst du Osterspuren finden.

       C   F   C   Asus4 A
7. Wo einer dich aus der Trägheit weckt und einen Weg mit dir entdeckt,
      Gm   C   F   Dm   Gm   A7   Dm
     um hohe Mauern zu überwinden, das kannst du Osterspuren finden.

GEMEINSAM DEN AUFBRUCH WAGEN

Musik: Johannes Klehr   Text: Johannes Klehr, Stefan Hoffmann   © Rechte bei den Autoren

CAMINANDO VA

Text & Musik: Pe. Irala   Übersetzung: Thomas Laubach
aus: Auf die Liebe setzen, 1995   Rechte für die Übersetzung: tvd-Verlag, Düsseldorf

Ref: Ca-mi-nan-do va__ Le-ben lebt vom Auf-bruch.
Ca-mi-nan-do va__ ma-chen wir uns auf.

1. Spring ü-ber dei-nen Schat-ten, wenn Dun-kel dich be-droht.
Die Lie-be macht dir Flü-gel lässt dich wei-ter sehn, Zu-kunft ist schon in Sicht.

        Bb   Dm C   F
2. Setz über tiefe Gräben, wenn dir kein Ausweg bleibt.
       Bb   F   A7
Die Hoffnung gibt dir Atem, lässt dich weiter gehn,
                       Dm
Leben liegt auf dem Weg.

       Dm   F
Ref: Caminando va...

ÖFFNEN, GEBEN, LEBEN SEIN

Text & Musik: Gerhard Hany   Alle Rechte vorbehalten

       Em   Am   Bb   F   Bb   Am   Gm   C
2. Er sieht uns an, sieht uns ins Herz, erkennt die Freude und erkennt unsren Schmerz.
    F   Em   Am Bb F   C   Bb   F   F   C
   Vertraue Ihm, der dich erkennt, der dich bei deinem Namen nennt. Ref: Öffnen, geben...

       Em   Am   Bb   F   Bb   Am   Gm   C
3. Er teilt uns aus, gibt, was Er hat. Er macht mit Seinem Brot und Seinem Wort uns satt.
    F   Em   Am Bb F   C   Bb   F   F   C
   Vertraue, Er ist für dich da, und Gott ist deinem Leben nah.   Ref: Öffnen, geben...

DU WIRST DEN TOD IN UNS WANDELN

Text & Musik: Kathi Stimmer-Salzeder   aus: Liederbuch „Zur Mitte kommen"
© Kathi Stimmer-Salzeder, D-84544 Aschau am Inn

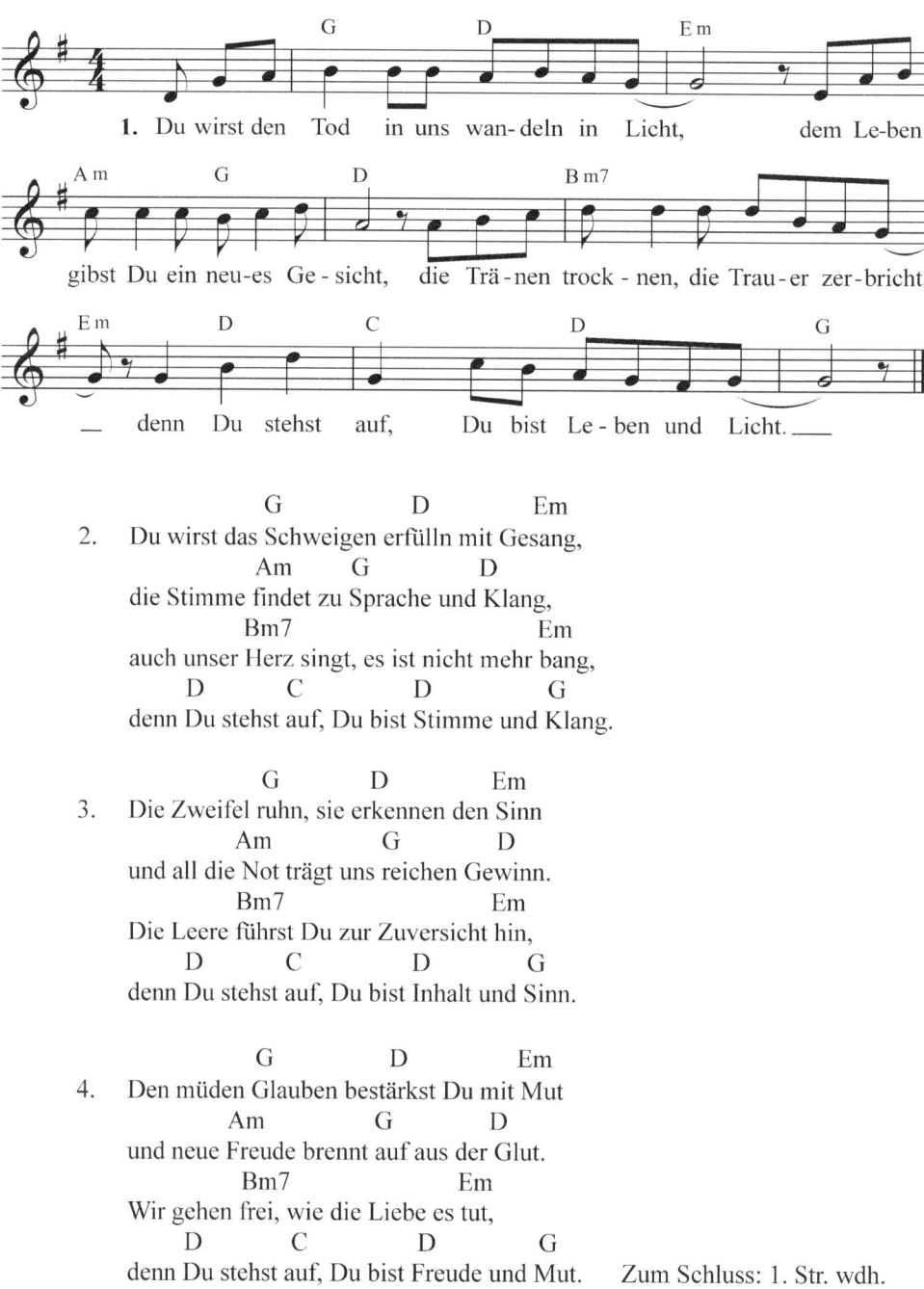

1. Du wirst den Tod in uns wandeln in Licht, dem Leben gibst Du ein neues Gesicht, die Tränen trocknen, die Trauer zerbricht, denn Du stehst auf, Du bist Leben und Licht.

2. Du wirst das Schweigen erfülln mit Gesang,
die Stimme findet zu Sprache und Klang,
auch unser Herz singt, es ist nicht mehr bang,
denn Du stehst auf, Du bist Stimme und Klang.

3. Die Zweifel ruhn, sie erkennen den Sinn
und all die Not trägt uns reichen Gewinn.
Die Leere führst Du zur Zuversicht hin,
denn Du stehst auf, Du bist Inhalt und Sinn.

4. Den müden Glauben bestärkst Du mit Mut
und neue Freude brennt auf aus der Glut.
Wir gehen frei, wie die Liebe es tut,
denn Du stehst auf, Du bist Freude und Mut.   Zum Schluss: 1. Str. wdh.

DEIN GEIST WEHT, WO ER WILL

Verfasser unbekannt

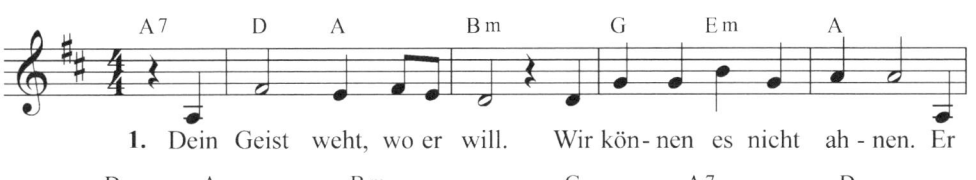

        A7   D   A   Bm   G   Em A
2.   Dein Geist weht, wo er will, er spricht in unsre Stille.
       D A   Bm   G   A7   D
    In allen Sprachen redet er, verkündet Gottes Wille.

        A7   D   A   Bm   G   Em A
3.   Dein Geist weht, wo er will, ist Antrieb für die Liebe.
       D A   Bm   G   A7   D
    Die Hoffnung hat er aufgeweckt, wo sonst nur Trauer bliebe.

        A7   D   A   Bm   G   Em A
4.   Dein Geist weht, wo er will, er ist wie ein Erfinder.
       D A   Bm   G   A7   D
    Aus Erde hat er uns gemacht, als seines Geistes Kinder.

DEIN GEIST MACHT LEBENDIG

Text & Musik: Röhrig Wilfried   © rigma Musikverlag, Viernheim, www.rigma.de

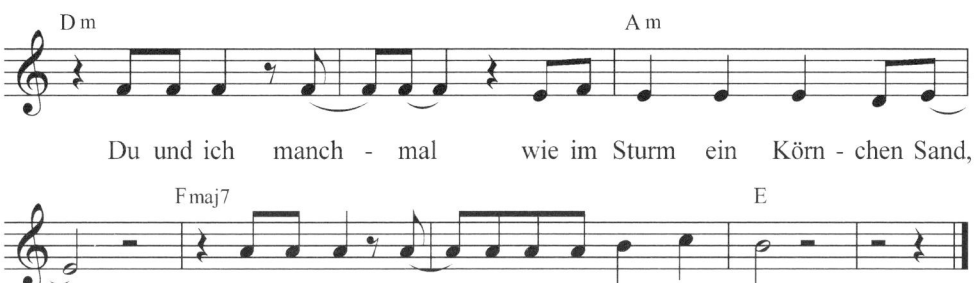

```
        A        Fism7
Ref: Dein Geist macht lebendig...


        C       G       Am      Em
2.  Du und ich manchmal wie ein heimatloses Kind,
        C       G       Am
    Du und ich manchmal ohne Ziel;
    Dm                  Am
    Du und ich manchmal wie ein Windrad ohne Wind,
    Fmaj7               E
    Du und ich manchmal ohne Gefühl.


        A        Fism7
Ref: Dein Geist macht lebendig...
```

Wahres Glück ist,
seinen Geist frei zu entfalten.

Aristoteles

GIB UNS LEBEN AUS DEM GEIST

Text & Musik: Kathi Stimmer-Salzeder   aus: „Lied der Hoffnung" 3
© Kathi Stimmer-Salzeder, D-84544 Aschau am Inn

```
         E           Cism        E        B7    E
2.  Wo Menschen einander Fehler verzeihen, da fängt der Friede an.
         E              Cism          E        B7    E
    Wo Menschen das eigene Unrecht bereuen, da fängt der Friede an.

        B           Fism
Vorref: Sieh, wie die Welt dürstet...

       E
Ref: Gib uns Leben aus dem Geist...

            E             Cism        E       B7    E
3.  Wo Menschen einander Lasten abnehmen, da fängt der Friede an.
         E                Cism          E          B7    E
    Wo Menschen sich tief nach Gerechtigkeit sehnen, da fängt der Friede an.

        B           Fism
Vorref: Sieh, wie die Welt dürstet...

       E
Ref: Gib uns Leben aus dem Geist...


            E              Cism          E         B7    E
4.  Wo Menschen für einander Verantwortung tragen, da fängt der Friede an.
         E              Cism            E        B7    E
    Wo Menschen es wagen, die Wahrheit zu sagen, da fängt der Friede an.

        B           Fism
Vorref: Sieh, wie die Welt dürstet...

       E
Ref: Gib uns Leben aus dem Geist...
```

VERTRAUT DEM HERRN ALLEZEIT

Musik & Text: Jacques Berthier (1923 – 1994)   © Ateliers et Presses de Taizé, 71250 Taizé, France

CHRISTUS, DEIN LICHT

Musik & Text: Jacques Berthier (1923 – 1994)   © Ateliers et Presses de Taizé, 71250 Taizé, France

MISERICORDIAS DOMINI

Musik & Text: Jacques Berthier (1923 – 1994)   © Ateliers et Presses de Taizé, 71250 Taizé, France

IN MANUS TUAS, PATER

Musik: Taizé   © Ateliers et Presses de Taizé, 71250 Taizé, France

VENIMUS ADORARE EUM

Musik & Text: Gregor Linßen   © 2004 EDITION GL, Neuss   Weltjugendtag, Deutschland 2006

     D   G Em7   D
2. Warum verließen Hirten nachts ihre Herden?
  Bm7   Gmaj7 Em7 Asus4
  Warum hörten Hirten den Engelsgesang?
  G   E7   D   Bm7
  Warum beugten Hirten vor einem Kind ihre Knie?
  Em7   A7
  Als man sie fragte, sagten sie:

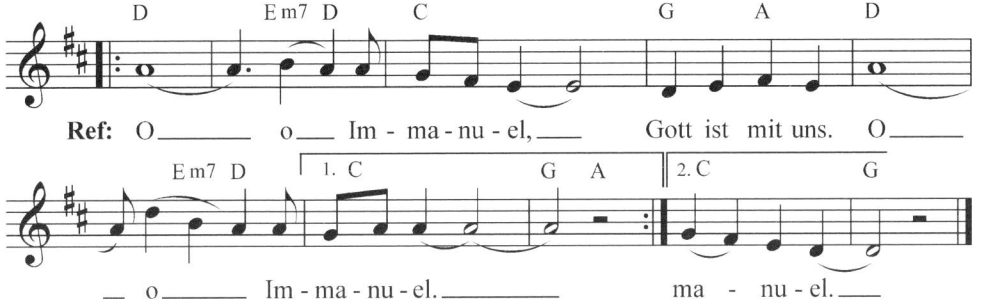

```
           D             G       Em7      D
3.  Darum sind wir hier, um Ihn anzubeten.
            Bm7       Gmaj7   Em7       Asus4
     Seine Kinder sind wir,    Gesalbte und Propheten.
     G          E7  D         Bm7
     Darum sind wir hier, um Ihm zu begegnen
        Em7                D         G
     in Brot und Wein und in dir und mir, und wenn man euch fragt, dann sagt:


           D          Em7 D   C    G       A
Ref: Venimus adorare e-   um, Immanuel, Gott ist mit uns.
           D          Em7 D   C    G    A
     Venimus adorare e-   um, Immanuel.
           D          Em7 D   C    G       A
     Venimus adorare e-   um, Immanuel, Gott ist mit uns.
           D          Em7 D   C    G
     Venimus adorare e-   um, Immanuel.
```

VENITE ADOREMUS

Text & Musik: Kathi Stimmer-Salzeder, D-84544 Aschau am Inn

```
    Em
2.  Wir voller Durst in den Wüsten unsrer Zeit,
    C
    Du eine Quelle, so ganz Lebendigkeit.
    Am7                 D
    Du kommst uns entgegen, lebst mit uns, bist nah,
    G       Am7     G       C       D
    in Deiner Liebe ein Segen dem, der sich aufmacht mit Dir.


          G         Am7     G   C       G           D
Ref: Kommt alle, kommt, lasset uns anbeten, miteinander loben Jesus Christus.
          Em        Am7     G   C   G       D7      G
     Kommt alle, kommt, lasset uns anbeten Gott im Geist, der Leben schenkt.


    Em
3.  Wir voller Hunger in der Sattheit unsrer Zeit,
    C
    Du unser Brot, geteilt reicht es so weit.
    Am7                 D
    Du kommst uns entgegen ins Dunkel hinein,
    G       Am7     G       C       D
    wandelst den Tod noch in Segen dem, der sich aufmacht für Dich.
```

Ref: hier kann der lateinische oder der deutsche Refrain gesungen werden

DU FÜR MICH

Text & Musik: Kathi Stimmer-Salzeder, D-84544 Aschau am Inn

```
      Dm C Bb         A7          Dm C Bb
2. Du am Kreuz, das ist Ohnmacht, die stärker ist,
                    Dm    A7            Dm      Dm C Bb
   als der Hass und das Dunkel. Welch ein Licht Du doch bist.   Ref: Du für mich...


      Dm C Bb         A7          Dm C Bb
3. Du am Kreuz, das ist Kraft zu Versöhnung hin.
                  Dm    A7              Dm      Dm C Bb
   So, wie Du zu vergeben, alle Hoffnung darin.   Ref: Du für mich...


      Dm C Bb         A7          Dm  C Bb
4. Du am Kreuz, das ist Weg und ist Ziel zugleich,
                 Dm    A7           Dm       Dm C Bb
   will das Leben ich finden, in der Armut so reich.   Ref: Du für mich...
```

JESUS CHRIST, YOU ARE MY LIFE

Text & Musik: Marco Frisina   © LA LAUS Edizioni Musicali s.r.l., Rom

CONVENITE HOMINES

Musik & Text: Röhrig, Wilfried   aus: Mini-CD „Convenite Homines"
© 2005 rigma Musikverlag, Viernheim, www.rigma.de

```
       D                                              Am
1. Woher wir auch kommen, wo immer wir wohnen, wo immer die Sehnsucht uns Fragen
            G              F              E
   stellt: Sein Stern geht uns auf und nimmt seinen Lauf, er ruft uns in unserer Welt.

       D              Dm              Am
2. Was immer wir tragen, was immer wir wagen, wer immer im Leben sich zu uns gesellt:
       Bbmaj7        Am        E7                        Am
   Sein Stern, er ist da, sein Stern ist uns nah, er führt uns durch unsere Welt.

       Am            Dm
Ref: Convenite homines...

       D                                       Am
3. Wann immer wir rasten im Eilen und Hasten, wann immer die Liebe die Zeit anhält:
       G              F              E
   Sein Stern, er bleibt stehn, sein Stern lässt uns sehn den Himmel inmitten der Welt.

       D              Dm           Am
4. Was immer wir geben von unserem Leben, was immer die Hände und Herzen füllt:
       Bbmaj7         Am         E7                      Am
   Sein Stern leuchtet klar und macht offenbar, der Himmel, er schenkt sich der Welt.

       Am            Dm
Ref: Convenite homines...

       D                                   Am
5. Wohin wir auch gehen, wohin wir uns drehen, was immer in unsere Tage fällt:
       G              F              E
   Sein Stern lässt uns hoffen, die Zukunft ist offen, weil Er uns in Händen hält.
```

Die Strophen werden zur Akkordbegleitung gesprochen.

CAN THE CIRCLE BE UNBROKEN

Text & Musik: Traditional

```
        G           G7          C              G
2.  Lord, I told the undertaker:"Undertaker, please drive slow,
                    G7          D7          G
    'caus that body your are hauling, Lord, I hate to see her go:"

          G         G7
Ref: Can the circle be unbroken...

        G           G7          C            G
3.  Yes I followed close behind her, tried to cheer up and be brave,
                    G7              D7            G
    but my sorrows I could not hide them, when they laid her in the grave.

          G         G7
Ref: Can the circle be unbroken...

        G              G7           C              G
4.  Went back home, Lord, cold and lonesome, since my mother she was gone,
                    G7          D7          G
    all my brothers and sisters crying, what a home, so sad and lone.

          G         G7
Ref: Can the circle be unbroken...
```

NOBODY KNOWS THE TROUBLE I'VE SEEN

Text & Musik: Traditional

        G   C   G
Ref: Nobody knows the trouble I've seen...

        G   D
2. I never shall forget the day, oh, yes, Lord!
        G   D7 G
When Jesus washed my sins away, oh, yes, Lord!

        G   C   G
Ref: Nobody knows the trouble I've seen...

        G   D
3. Although you see me goin' so, oh, yes, Lord!
        G   D7 G
I have my trials here below, oh, yes, Lord!

OH, HAPPY DAY

Text & Musik: Traditional

PEACE LIKE A RIVER

Text & Musik: Traditional

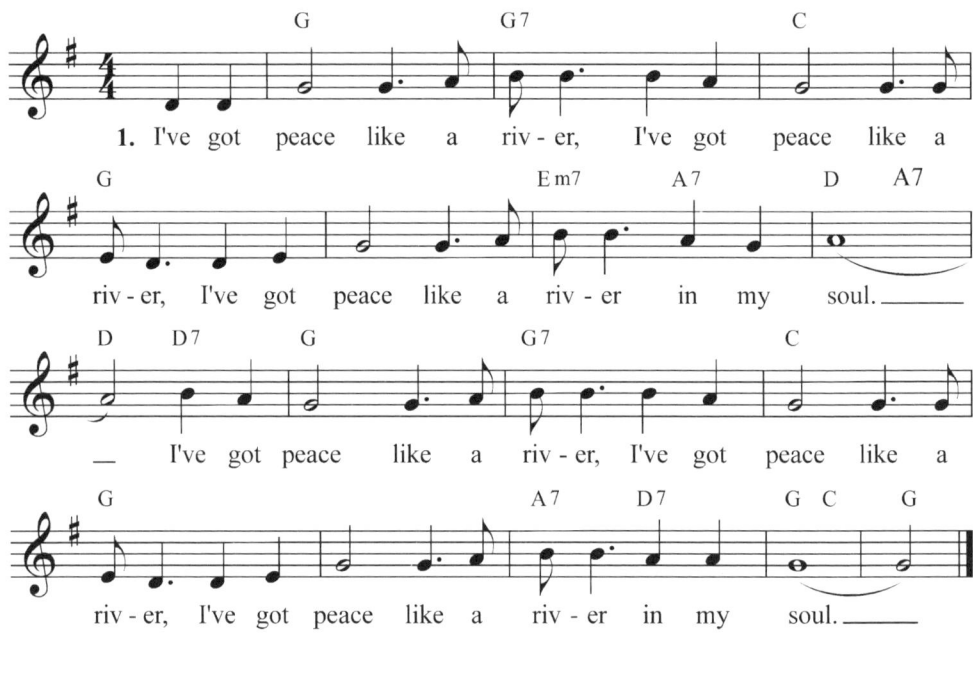

1. I've got peace like a river, I've got peace like a river, I've got peace like a river in my soul. I've got peace like a river, I've got peace like a river, I've got peace like a river in my soul.

              G   G7   C   G
2. I've got love like an ocean, I've got love like an ocean...

              G   G7   C   G
3. I've got joy like a fountain, I've got joy like a fountain...

              G   G7
4. I've got peace, love, joy like a river,
            C   G
I've got peace, love, joy like an ocean,
            G   Em7 A7 D A7 D
I've got peace, love, joy like a fountain in my soul.
D7   G   G7
I've got peace, love, joy like a river,
            C   G
I've got peace, love, joy like an ocean,
            G   A7   D7 G C G
I've got peace, love, joy like a fountain in my soul.

VOLKSLIEDER

DAS STILLE TAL (IM SCHÖNSTEN WIESENGRUNDE)

Text: Wilhelm Ganzhorn (um 1850)   Melodie: Ursprung vermutlich engl. Tanzweise

            E   B7   E   A   E   B7
2. Müsst aus dem Tal ich scheiden, wo alles Lust und Klang,
         E   A   E B7 E
    das wär mein herbstes Leiden, mein letzter Gang.
         B7   E
    Dich, mein stilles Tal, grüß ich tausendmal,
                  A   E B7 E
    das wär mein herbstes Leiden, mein letzter Gang.

           E B7 E   A   E   B7
3. Sterb ich, in Tales Grunde will ich begraben sein.
         E   A   E B7 E
    Singt mir zur letzten Stunde beim Abendschein.
         B7   E
    "Dir, mein stilles Tal, Gruß zum letzten Mal",
                 A   E B7 E
    singt mir zur letzten Stunde beim Abendschein.

DER MOND IST AUFGEGANGEN

Text & Musik: Volksweise, urheberrechtlich frei

                  D   G   A7 D   Bm   G   A7 D
2. Wie ist die Welt so stille und in der Dämm'rung Hülle
        Bm   G   A7
    so traulich und so hold!
          D   G   A7 D   Bm   G   A7 D
    Als eine stille Kammer, wo ihr des Tages Jammer
        Bm   G   A7   D
    verschlafen und vergessen sollt.

                  D   G   A7 D   Bm   G   A7 D
3. Seht ihr den Mond dort stehen? Er ist nur halb zu sehen
        Bm   G   A7
    und ist doch rund und schön.
          D   G   A7 D   Bm   G   A7 D
    So sind wohl manche Sachen, die wir getrost belachen,
        Bm   G   A7   D
    weil unsre Augen sie nicht sehn.

```
         D     G     A7 D    Bm   G    A7 D
4.   Wir stolzen Menschenkinder sind eitel arme Sünder
         Bm    G       A7
     und wissen gar nicht viel;
         D     G     A7 D    Bm   G    A7 D
     wir spinnen Luftgespinste und suchen viele Künste
         Bm       G       A7        D
     und kommen weiter von dem Ziel.


         D     G     A7 D    Bm      G       A7 D
5.   Gott, lass uns Dein Heil schauen, auf nichts Vergängliches trauen,
         Bm G     A7
     nicht Eitelkeit uns freun!
         D    G    A7 D    Bm    G    A7 D
     Lass uns einfältig werden und vor Dir hier auf Erden
         Bm       G      A7        D
     wie Kinder fromm und fröhlich sein.


         D     G     A7 D    Bm    G      A7 D
6.   Wollst endlich sonder Grämen aus dieser Welt uns nehmen
         Bm      G    A7
     durch einen sanften Tod!
         D     G    A7 D    Bm     G    A7 D
     Und, wenn Du uns genommen, lass uns in Himmel kommen,
         Bm       G       A7        D
     Du, unser Herr und unser Gott!


         D     G    A7 D    Bm    G     A7 D
7.   So legt euch denn, ihr Brüder, in Gottes Namen nieder;
         Bm      G     A7
     kalt ist der Abendhauch.
         D     G    A7 D    Bm    G    A7 D
     Verschon uns Gott mit Strafen und lass uns ruhig schlafen!
         Bm      G       A7        D
     Und unsern kranken Nachbarn auch!
```

GUTEN ABEND, GUT' NACHT

Text & Melodie: Die Volksweise ist urheberrechtlich frei

2. Guten Abend, gut' Nacht, von Englein bewacht,
                                D
    die zeigen im Traum dir Christkindleins Baum.
    Schlaf nur selig und süß, schau im Traum 's Paradies;
    schlaf nur selig und süß, schau im Traum 's Paradies.

O WIE WOHL IST MIR AM ABEND

Text & Melodie: Christian J. Schulz (1773 – 1827)

FROH ZU SEIN BEDARF ES WENIG

Text & Melodie: August Mühling

WAHRE FREUNDSCHAFT SOLL NICHT WANKEN

Text & Musik: Volksweise, urheberrechtlich frei

```
         F                   C
1. Wah - re Freund - schaft soll nicht wan - ken, wenn sie
   F         C7        F              Bb
   gleich ent - fer - net ist;  le - bet fort noch in Ge -
   F                   C7          1. F        2. F
   dan - ken, und der Treu - e nicht ver - gisst, le - bet gisst.
```

         F   C   F   C7   F
2. Keine Ader soll mir schlagen, da ich nicht an dich gedacht;
         Bb   F   C7   F
   ich will für dich Sorge tragen bis zur späten Mitternacht. 2x

         F   C   F   C7   F
3. Wenn der Mühlstein traget Reben und daraus fließt kühler Wein;
         Bb   F   C7   F
   wenn der Tod mir nimmt das Leben, hör ich auf, dir treu zu sein. 2x

ES TÖNEN DIE LIEDER

Text & Musik: Volksweise, urheberrechtlich frei

Es tönen die Lieder, der Frühling kehrt wieder, es spielet der Hirte auf seiner Schalmei. Tralalalalalalalala, tralalalalalalala.

Dieses alte Frühlingslied ist auch als Kanon für drei Stimmen singbar.

NUN WILL DER LENZ UNS GRÜSSEN

Text & Musik: Volksweise, urheberrechtlich frei

                G   D7   C D7 G
2. Waldvöglein Lieder singen, wie ihr sie nur begehrt,
                G   D7   C D7 G
drum auf zum frohen Springen, die Reis' ist Goldes wert!
               D7   G   D7 G   D7 A7 D7
Hei, unter grünen Linden, da leuchten weiße Kleid'!
             G   Em Am D7 Am D7 G
Heija, nun hat uns Kinden ein End all Wintersleid.

JETZT FÄNGT DAS SCHÖNE FRÜHJAHR AN

Volkslied aus dem Rheinland (19. Jh.)

2. Es blüh'n die Blumen auf dem Feld, sie blühen weiß, rot, blau und gelb,
   so wie es meinem Schatz gefällt.

3. Jetzt leg ich mich in'n grünen Klee, da singt das Vöglein in der Höh,
   weil ich zu meinem Schatze geh.

4. Jetzt geh ich in den grünen Wald, da such ich meinen Aufenthalt,
   weil mir mein Schatz nicht mehr gefallt.

5. Jetzt geh ich über Berg und Tal, da hört man schon die Nachtigall,
   auf grüner Heid und überall.

WINTER ADE

Text & Musik: Volksweise, urheberrechtlich frei

        G   D G   D G
2. Winter, ade! Scheiden tut weh.
                 D7
Gerne vergess ich dein, kannst immer ferne sein.
        G   D G   D G
Winter, ade! Scheiden tut weh.

        G   D G   D G
3. Winter, ade! Scheiden tut weh.
                 D7
Gehst du nicht bald nach Haus, lacht dich der Kuckuck aus.
        G   D G   D G
Winter, ade! Scheiden tut weh.

WIR LIEBEN DIE STÜRME

Text und Melodie: Die Volksweise ist urheberrechtlich frei

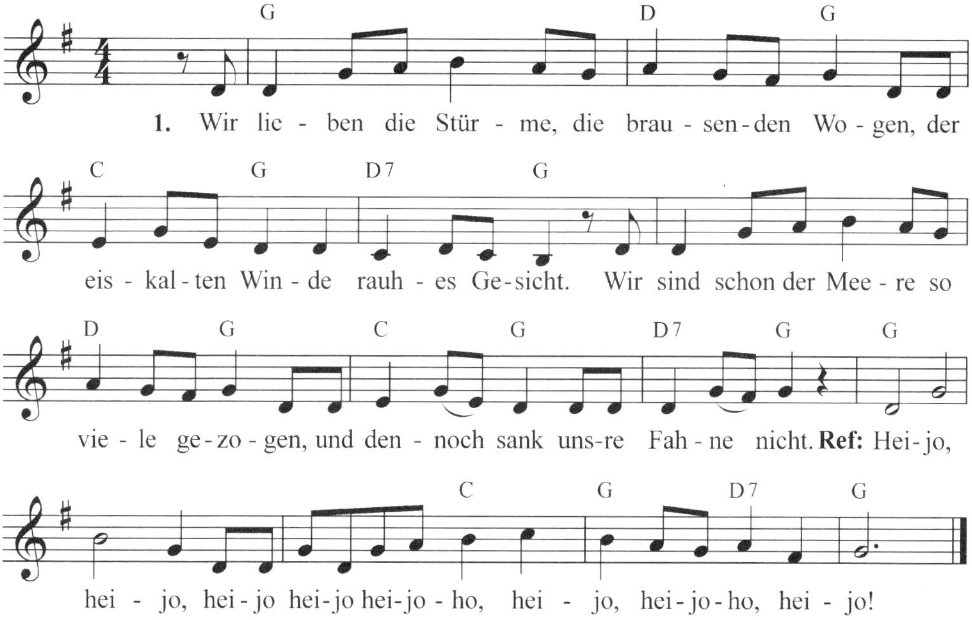

G D G
1. Wir lie - ben die Stür - me, die brau - sen - den Wo - gen, der
C G D7 G
eis - kal - ten Win - de rauh - es Ge - sicht. Wir sind schon der Mee - re so
D G C G D7 G G
vie - le ge - zo - gen, und den - noch sank uns - re Fah - ne nicht. Ref: Hei - jo,
C G D7 G
hei - jo, hei - jo hei - jo hei - jo - ho, hei - jo, hei - jo - ho, hei - jo!

G D G
2. Unser Schiff gleitet stolz durch die schäumenden Wogen,
C G D7 G
jetzt strafft der Wind unsre Segel mit Macht.
G D G
Seht ihr hoch droben die Fahne sich wenden,
C G D7 G G
die blutrote Fahne, ihr Seeleut, habt acht! Ref: Heijo...

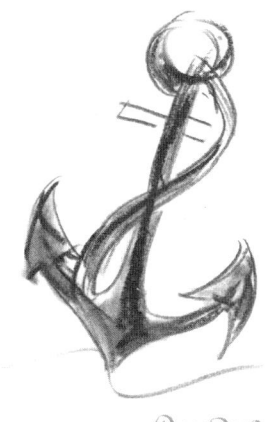

WIR LAGEN VOR MADAGASKAR

Musik & Text: Just Scheu   © 1941 by Harth Musik Verlag GmbH, Bergisch Gladbach

1. Wir lagen vor Madagaskar und hatten die Pest an Bord. In den Kesseln, da faulte das Wasser, und täglich ging einer über Bord. Ref: Ahoi, Kameraden, ahoi, ahoi. Leb wohl, kleines Mädel, leb wohl, leb wohl. Ja wenn das Schifferklavier an Bord ertönt, ja da sind die Matrosen so still, ja so still, weil ein jeder nach seiner Heimat sich sehnt, die er gerne einmal wiedersehen will.

```
        G                              D                        G
2.   Wir lagen schon vierzehn Tage, kein Wind durch die Segel uns pfiff.
                                    D              G
     Der Durst war die größte Plage, da liefen wir auf ein Riff.

     G
Ref: Ahoi, Kameraden,...

        G                         D                       G
3.   Der lange Hein war der erste, der soff von dem faulenden Nass.
                              D                  G
     Die Pest gab ihm das Letzte und wir ihm ein Seemannsgrab.

     G
Ref: Ahoi, Kameraden,...
```

WIR KAMEN EINST VON PIEMONT

Melodie: aus Frankreich   Text: Klaus Tränkle   © Voggenreiter Verlag, Bonn

1. Wir kamen einst von Piemont und wollten weiter nach Lyon. Ach, im Beutel, da herrschte Leere, sans dessus dessous et sans devant derrière. Burschen warn wir drei, doch nur ein Sous! **Ref:** Sans devant derrière sans dessus dessous.

2. Herr Wirt, bringt uns ein Essen her, der Magen ist so lang schon leer. 2x
Hab nur Fleisch von der alten Mähre,
sans dessus dessous et sans devant derrière;
ei, so bring es her und Wein dazu!   Ref: Sans devant...

3. Herr Wirt, wir woll'n nun weitergeh'n, das Essen war gewiss sehr schön. 2x
Nimm den Sous, hab nicht mehr, auf Ehre,
sans dessus dessous et sans devant derrière;
wir aber stoben fort im Nu!   Ref: Sans devant...

ES LEBT DER EISBÄR IN SIBIRIEN

Text & Melodie: Die Volksweise ist urheberrechtlich frei

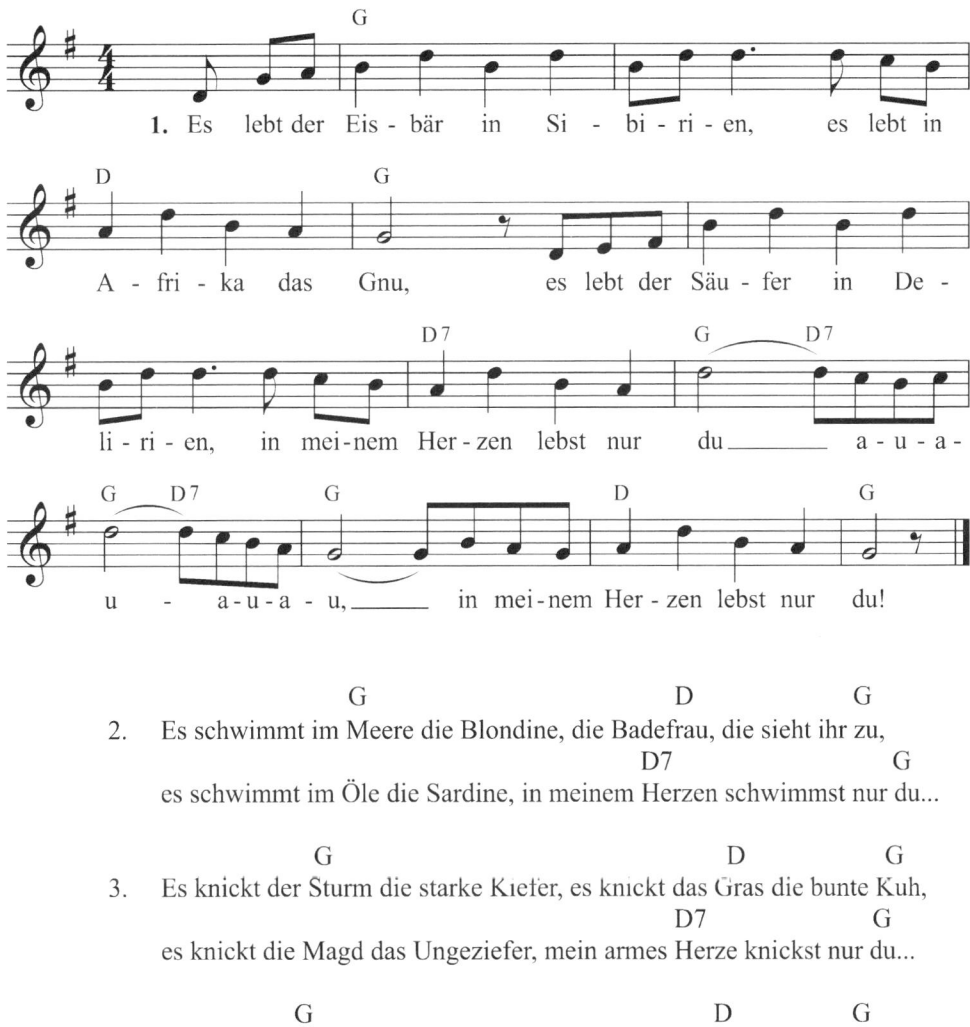

1. Es lebt der Eisbär in Sibirien, es lebt in Afrika das Gnu, es lebt der Säufer in Delirien, in meinem Herzen lebst nur du a-u-a-u-a-u-a-u, in meinem Herzen lebst nur du!

                            G   D   G

2. Es schwimmt im Meere die Blondine, die Badefrau, die sieht ihr zu,
                                       D7   G
es schwimmt im Öle die Sardine, in meinem Herzen schwimmst nur du...

3. Es knickt der Sturm die starke Kiefer, es knickt das Gras die bunte Kuh,
es knickt die Magd das Ungeziefer, mein armes Herze knickst nur du...

4. Es bricht im Glase sich der Funke, die Nacht bricht an zu kühler Ruh,
es bricht der Jüngling nach dem Trunke, mein armes Herze brichst nur du...

5. Es spuckt der Bäcker in die Hände, es spuckt die Köchin ins Ragout,
es spuckt der Lausbub an die Wände, in meinem Herzen spukst nur du...

ICH HEFF MOL IN HAMBORG EEN VEERMASTER SEEN

Nach einem englischen Gangspill Shanty, die volksweise ist urheberrechtlich frei

2. Dat Deck weer von Isen, voll Schiet und voll Schmeer,
to my hoodah, to my hoodah.
Da was ok de Schietgang dat schönste Pläseer,
to my hoodah, hoodah ho! Ref: Blow boys blow...

```
           C                      F           C
3.  Dat Logis weer vull Wanzen, de Kombüs weer vull Dreck,
            G  C       G
    to my hoodah, to my hoodah.
    C                      F          Am
    De Beschüten, de leupen von sülven all weg,
    C       G  C  G  C        C
    to my hoodah, hoodah ho!   Ref: Blow boys blow...


           C                      F            C
4.  Dat Soltfleesch weer gröön, un de Speck weer vull Moden,
            G  C       G
    to my hoodah, to my hoodah.
    C             F         Am
    Köm gäv dat bloß an Wiehnachtsobend,
    C       G  C  G  C        C
    to my hoodah, hoodah ho!   Ref: Blow boys blow...


           C                 F         C
5.  Un wulln wi mol seiln, ick segg dat jo nur,
            G  C       G
    to my hoodah, to my hoodah.
    C                        F         Am
    Dann leup he dree vörut und veer all retur,
    C       G  C  G  C        C
    to my hoodah, hoodah ho!   Ref: Blow boys blow...
```

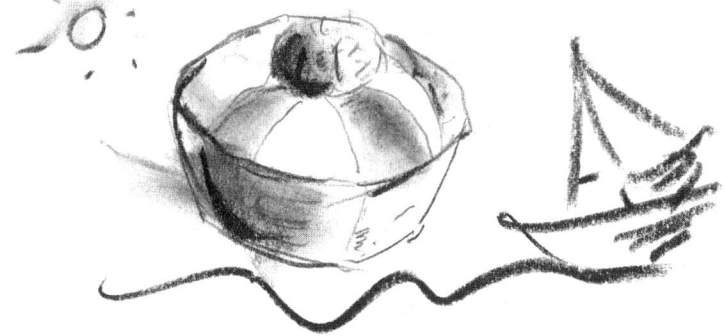

HANS BLEIB DO

Text & Melodie: Die Volksweise ist urheberrechtlich fei

Dieses beliebte Volkslied wird in vielen unterschiedlichen Dialekten und, je nach Region, auch noch mit weiteren Strophen gesungen.

FEIN SEIN, BEINANDER BLEIBN

Text & Melodie: Volksweise, urheberrechtlich frei

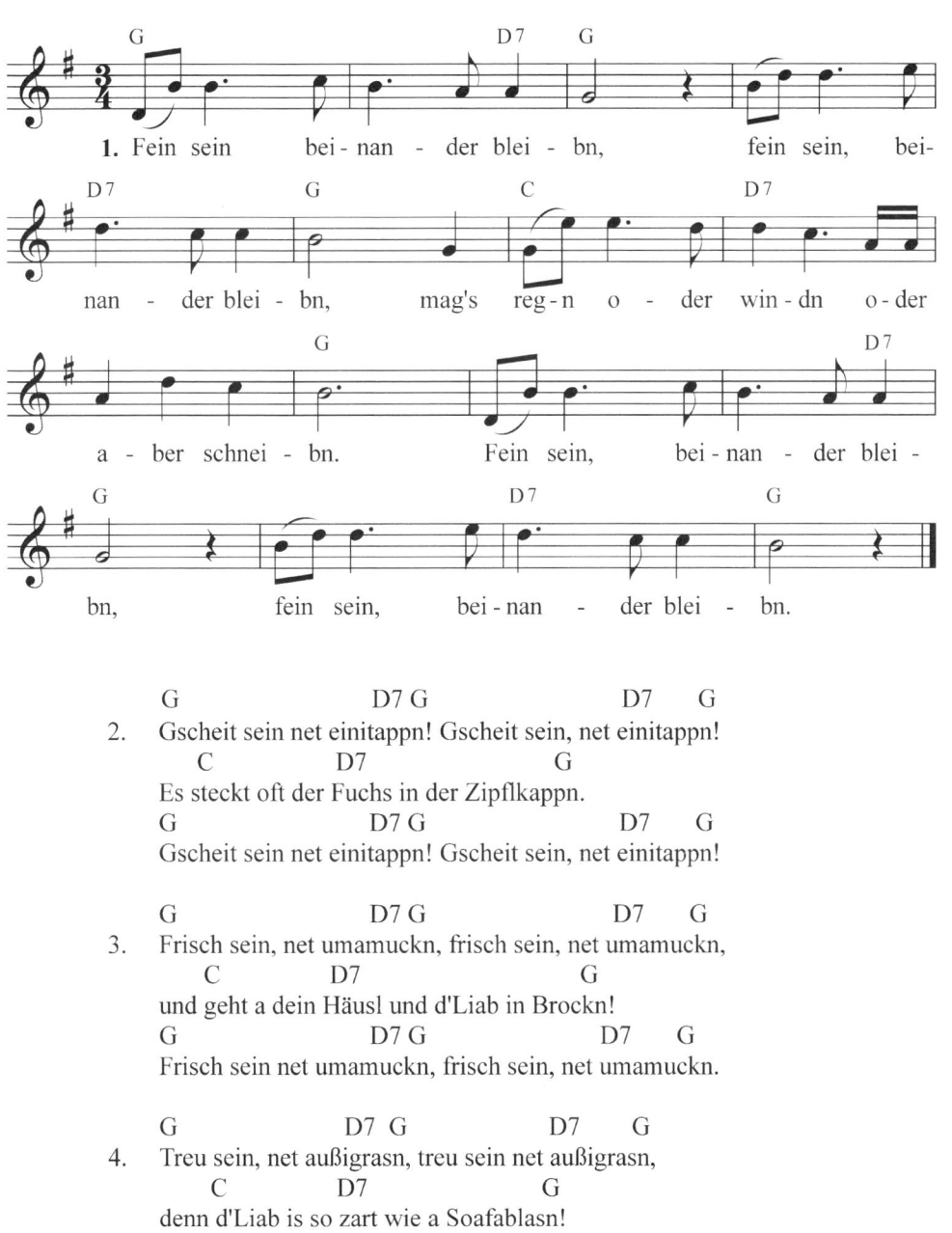

```
           G              D7     G
2. Gscheit sein net einitappn! Gscheit sein, net einitappn!
         C      D7         G
   Es steckt oft der Fuchs in der Zipflkappn.
           G              D7     G
   Gscheit sein net einitappn! Gscheit sein, net einitappn!

           G              D7        G
3. Frisch sein, net umamuckn, frisch sein, net umamuckn,
         C      D7              G
   und geht a dein Häusl und d'Liab in Brockn!
           G              D7        G
   Frisch sein net umamuckn, frisch sein, net umamuckn.

         G              D7       G
4. Treu sein, net außigrasn, treu sein net außigrasn,
         C      D7            G
   denn d'Liab is so zart wie a Soafablasn!
         G              D7       G
   Treu sein net außigrasn, treu sein net außigrasn.
```

ZIZIBE

Text & Melodie: Die Volksweise ist urheberrechtlich frei

Zwiefacher

        G   D7   G   D7   G
2. Stieglitz, Stieglitz, 's Zeiserl is krank. Stieglitz, Stieglitz, 's Zeiserl is krank.
   D7   G   D7   G
   Rupf ma a Federl, mach ma a Betterl, Stieglitz, Stieglitz, 's Zeiserl is krank.

        G   D7   G   D7   G
3. Stieglitz, Stieglitz, 's Zeiserl is krank. Stieglitz, Stieglitz, 's Zeiserl is krank.
   D7   G   D7   G
   Hat a wehs Kröpferl und a hoaß Köpferl. Stieglitz, Stieglitz, 's Zeiserl is krank.

        G   D7   G   D7   G
4. Stieglitz, Stieglitz, 's Zeiserl is krank. Stieglitz, Stieglitz, 's Zeiserl is krank.
   D7   G   D7   G
   Fliagt von seim Häuserl, singt wia a Zeiserl. Stieglitz, Stieglitz, 's Zeiserl is gsund.

KINDER- UND SPASSLIEDER

KINDER- UND SPASSLIEDER

DER BUTZEMANN

traditionelles Kinderlied

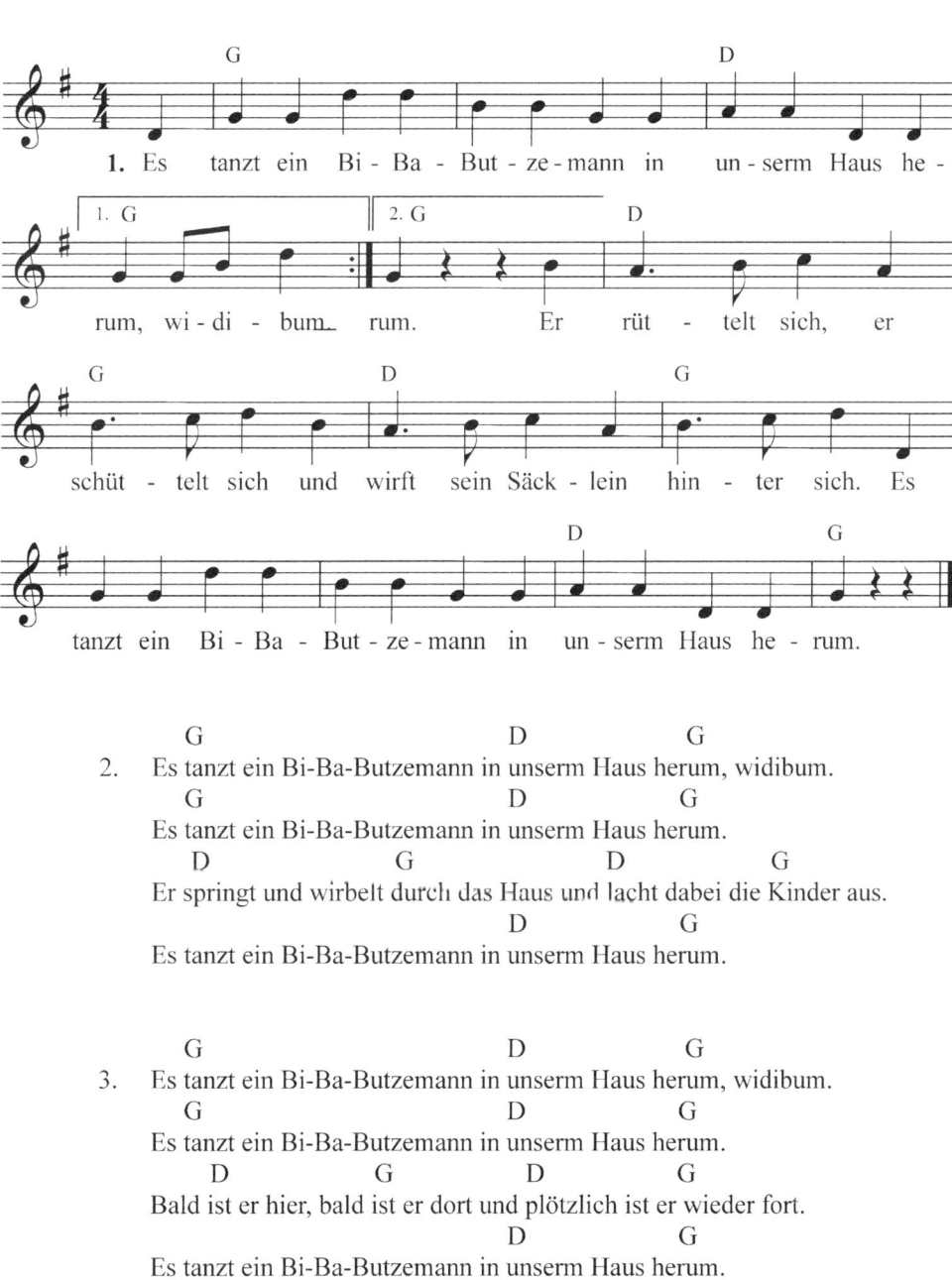

2. Es tanzt ein Bi-Ba-Butzemann in unserm Haus herum, widibum.
    Es tanzt ein Bi-Ba-Butzemann in unserm Haus herum.
    Er springt und wirbelt durch das Haus und lacht dabei die Kinder aus.
    Es tanzt ein Bi-Ba-Butzemann in unserm Haus herum.

3. Es tanzt ein Bi-Ba-Butzemann in unserm Haus herum, widibum.
    Es tanzt ein Bi-Ba-Butzemann in unserm Haus herum.
    Bald ist er hier, bald ist er dort und plötzlich ist er wieder fort.
    Es tanzt ein Bi-Ba-Butzemann in unserm Haus herum.

AUF DER MAUER, AUF DER LAUER

traditionelles Kinderlied

        D   A   D
2. Auf der Mauer, auf der Lauer, sitzt 'ne kleine Wanz.
       D   A   D
    Auf der Mauer, auf der Lauer, sitzt 'ne kleine Wanz.
                       G   A   D
    Seht euch mal die Wanz an, wie die Wanz tanz kann.
       D   A   D
    Auf der Mauer, auf der Lauer, sitzt 'ne kleine Wanz.

       D   A   D
3. Auf der Mauer, auf der Lauer, sitzt 'ne kleine Wan.

       D   A   D
4. Auf der Mauer, auf der Lauer, sitzt 'ne kleine Wa.

       D   A   D
5. Auf der Mauer, auf der Lauer, sitzt 'ne kleine W.

       D   A   D
6. Auf der Mauer, auf der Lauer, sitzt 'ne kleine -.

DREI CHINESEN MIT DEM KONTRABASS

traditionelles Kinderlied

1. Drei Chinesen mit dem Kontrabass saßen auf der Straße und erzählten sich was, da kam die Polizei ja was ist denn das. Drei Chinesen mit dem Kontrabass.

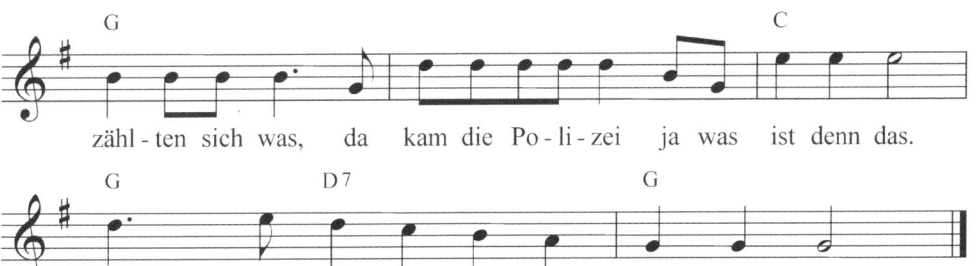

        G   D7
2. Dri Chinisi mit di Kintribiss...

        G   D7
3. Dra Chanasa mat da Kantrabass...

Hier können in weiteren Strophen spielerisch andere Laute wie o, u, ü...verwendet werden

GRÜN, GRÜN, GRÜN SIND ALLE MEINE KLEIDER

traditionelles Kinderlied

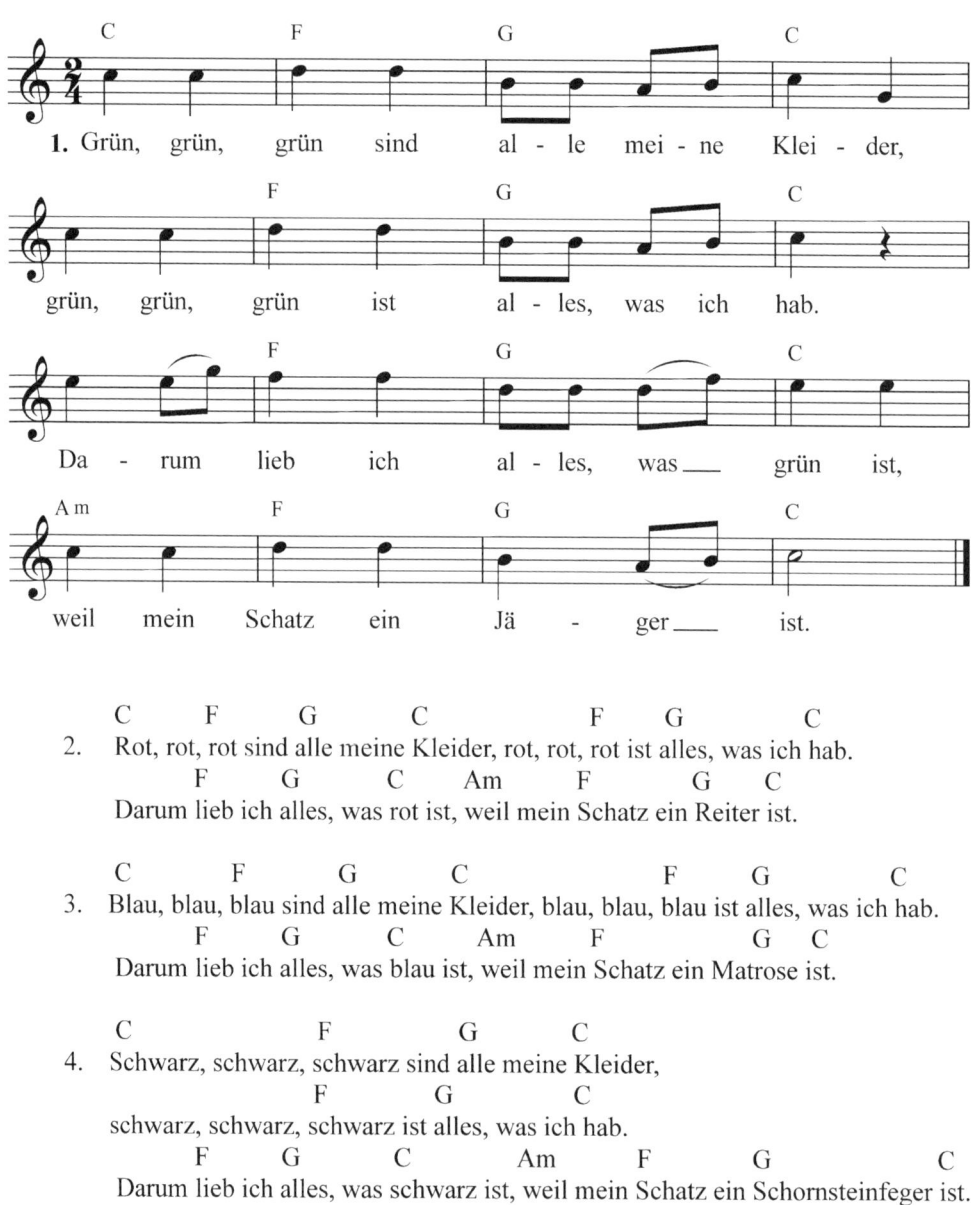

```
        C           F         G              C
1. Grün, grün, grün sind  al - le mei - ne Klei - der,
                F         G              C
   grün, grün, grün ist  al - les, was ich hab.
                F         G              C
   Da - rum lieb ich al - les, was   grün ist,
   Am           F         G              C
   weil mein Schatz ein Jä - ger   ist.
```

     C   F   G   C   F   G   C
2. Rot, rot, rot sind alle meine Kleider, rot, rot, rot ist alles, was ich hab.
     F   G   C   Am   F   G   C
Darum lieb ich alles, was rot ist, weil mein Schatz ein Reiter ist.

     C   F   G   C   F   G   C
3. Blau, blau, blau sind alle meine Kleider, blau, blau, blau ist alles, was ich hab.
     F   G   C   Am   F   G C
Darum lieb ich alles, was blau ist, weil mein Schatz ein Matrose ist.

     C   F   G   C
4. Schwarz, schwarz, schwarz sind alle meine Kleider,
               F   G   C
schwarz, schwarz, schwarz ist alles, was ich hab.
        F   G   C   Am   F   G   C
Darum lieb ich alles, was schwarz ist, weil mein Schatz ein Schornsteinfeger ist.

DER KUCKUCK UND DER ESEL

traditionelles Kinderlied

                D   A7
2. Der Kuckuck sprach: "Das kann ich!"
                      D
   Und fing gleich an zu schrein.
             A7   D
   "Ich aber kann es besser! Ich aber kann es besser!"
                    A7 D A7   D   A7 D
   Fiel gleich der Esel ein,   fiel gleich der Esel ein.

                D   A7
3. Das klang so schön und lieblich,
                     D
   so schön von fern und nah;
            A7   D
   sie sangen alle beide, sie sangen alle beide:
                A7   D A7   D   A7 D
   "Kuckuck, Kuckuck, i-a. Kuckuck, Kuckuck, i-a!"

JETZT FAHRN WIR ÜBERN SEE

traditionelles Kinderlied

```
       D                             A7          D
2. Und wenn wir drüben sind, drüben sind und wenn wir drüben ...
       D                             A7          D
   Und wenn wir drüben sind, drüben sind und wenn wir drüben sind,
           A7                D
   da singen alle Vöglein, Vöglein, Vöglein, Vöglein,
           A7                   D
   da singen alle Vöglein, der helle Tag bricht ...
           A7                D
   da singen alle Vöglein, Vöglein, Vöglein, Vöglein,
           A7                   D
   da singen alle Vöglein, der helle Tag bricht an.


        D                              A7          D
3. Der Jäger bläst ins Horn, bläst ins Horn, der Jäger bläst ins...
        D                              A7          D
   Der Jäger bläst ins Horn, bläst ins Horn, der Jäger bläst ins Horn,
             A7            D
   da blasen alle Jäger, Jäger, Jäger, Jäger,
             A7                 D
   da blasen alle Jäger, ein jeder in sein...
             A7            D
   da blasen alle Jäger, Jäger, Jäger, Jäger,
             A7                 D
   da blasen alle Jäger, ein jeder in sein Horn.


         D                           A7         D
4. Das Liedlein, das ist aus das ist aus, das Liedlein, das ist...
         D                           A7         D
   Das Liedlein, das ist aus das ist aus, das Liedlein, das ist aus.
                   A7                 D
   und wer das Lied nicht singen kann, singen, singen, singen kann,
                   A7                      D
   und wer das Lied nicht singen kann, der fängt von vorne...
                   A7                 D
   und wer das Lied nicht singen kann, singen, singen, singen kann,
                   A7                      D
   und wer das Lied nicht singen kann, der fängt von vorne an.
```

SPANNENLAGER HANSEL

traditionelles Kinderlied

1. Span-nen-lan-ger Han-sel, nu-del-di-cke Dirn,
gehn wir in den Gar-ten, schüt-teln wir die Birn'n!
Schütt-le ich die gro-ßen, schüt-telst du die klein'n,
wenn das Säck-chen voll ist, gehn wir wie-der heim.

2. "Lauf doch nicht so närrisch, spannenlanger Hans!
Ich verlier die Birnen und die Schuh noch ganz."
"Trägst ja nur die kleinen, nudeldicke Dirn,
und ich schlepp' den schweren Sack mit den großen Birn'n."

MEIN HUT DER HAT DREI ECKEN

traditionelles Kinderlied

Mein Hut, der hat drei E-cken, drei E-cken hat mein Hut, und hat er nicht drei E-cken, so ist es nicht mein Hut. Mein Hut, der hat drei E-cken, drei E-cken hat mein Hut, und hat er nicht drei E-cken, dann ist es auch nicht mein Hut.

ZEIGT HER EURE FÜSSE

traditionelles Kinderlied

Ref: Zeigt her eure Füße...
2. Sie wringen, sie wringen...
3. Sie spülen, sie spülen...
4. Sie legen, sie legen...
5. Sie rollen, sie rollen... plätten, ruhen, schwatzen, tanzen.

Dieses Bewegungslied für Kleinkinder ist auch in der Version mit den fleißigen Handwerkern und den dafür typischen Tätigkeiten wie hämmern, sägen, bohren usw. gebräuchlich.

SCHNAPPI, DAS KLEINE KROKODIL

Musik: Iris Gruttmann   Text: Iris Gruttmann / Rosita Blissenbach*
© by Arabella Musikverlag GmbH / Blaubach GmbH* (25%) (BMG Music Publishing Germany)
Universal Music Publishing GmbH (75%) Alle Rechte für die Welt.
© Universal Music Publ. GmbH / Universal Music Publ. GmbH

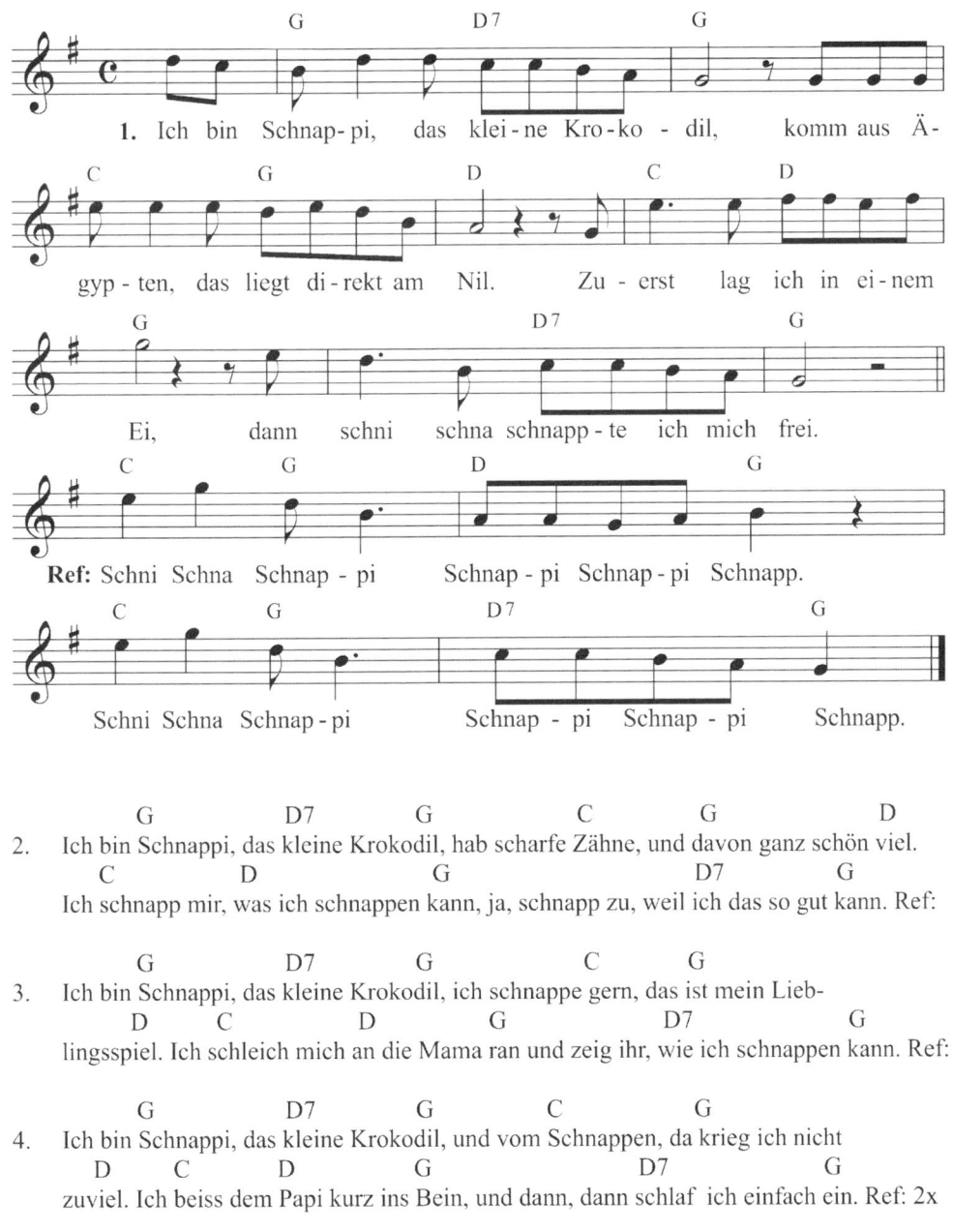

2. Ich bin Schnappi, das kleine Krokodil, hab scharfe Zähne, und davon ganz schön viel.
Ich schnapp mir, was ich schnappen kann, ja, schnapp zu, weil ich das so gut kann. Ref:

3. Ich bin Schnappi, das kleine Krokodil, ich schnappe gern, das ist mein Lieb-
lingsspiel. Ich schleich mich an die Mama ran und zeig ihr, wie ich schnappen kann. Ref:

4. Ich bin Schnappi, das kleine Krokodil, und vom Schnappen, da krieg ich nicht
zuviel. Ich beiss dem Papi kurz ins Bein, und dann, dann schlaf ich einfach ein. Ref: 2x

IN EINEN HARUNG

Text: Gustav Schulten   Musik: Volksweise   © Voggenreiter Verlag, Bonn

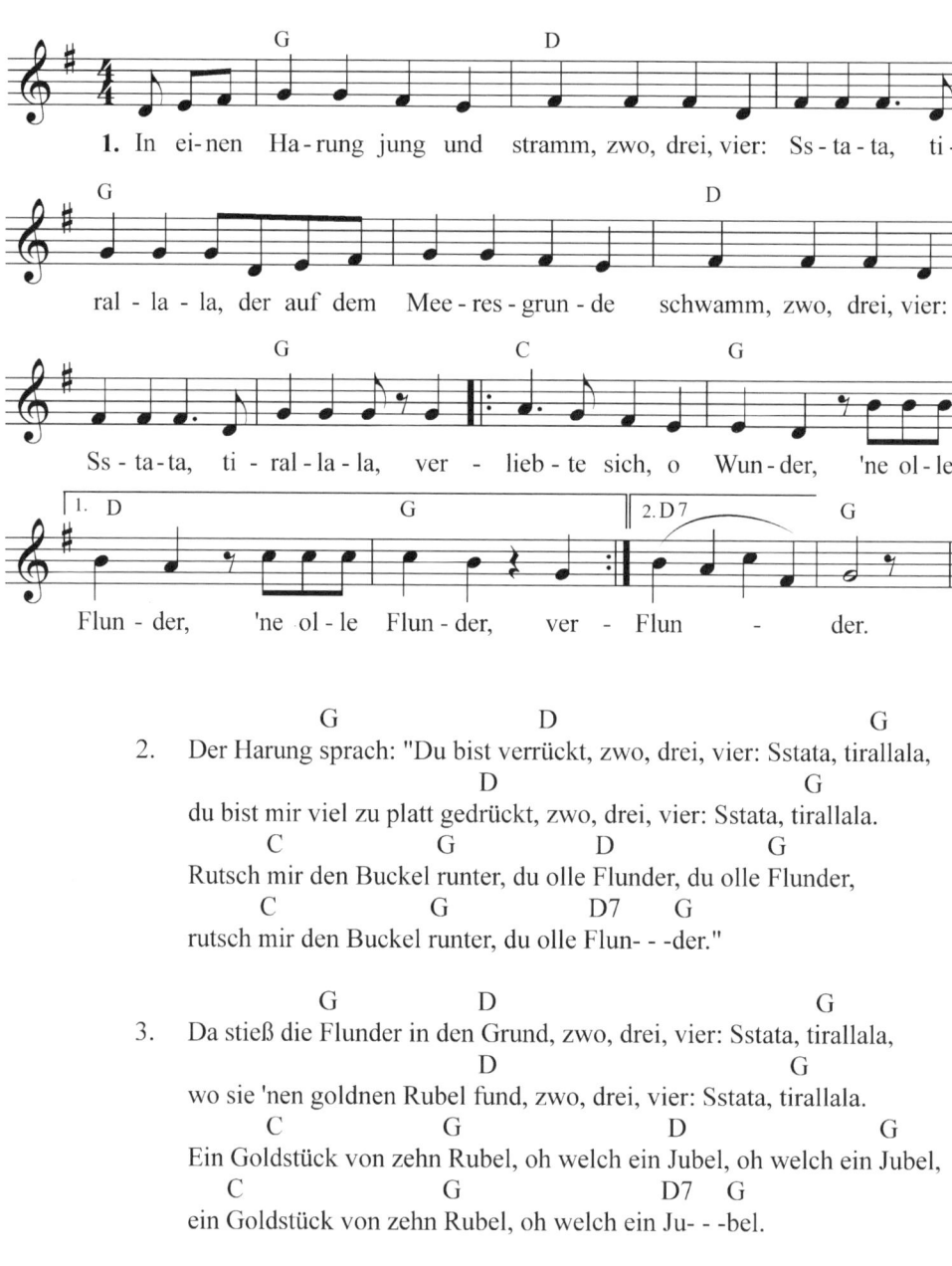

1. In ei-nen Ha-rung jung und stramm, zwo, drei, vier: Ss-ta-ta, ti-ral-la-la, der auf dem Mee-res-grun-de schwamm, zwo, drei, vier: Ss-ta-ta, ti-ral-la-la, ver-lieb-te sich, o Wun-der, 'ne ol-le Flun-der, 'ne ol-le Flun-der, ver-Flun-der.

                      G   D   G

2. Der Harung sprach: "Du bist verrückt, zwo, drei, vier: Sstata, tirallala,
                           D   G
du bist mir viel zu platt gedrückt, zwo, drei, vier: Sstata, tirallala.
        C   G   D   G
Rutsch mir den Buckel runter, du olle Flunder, du olle Flunder,
        C   G   D7   G
rutsch mir den Buckel runter, du olle Flun- - -der."

3. Da stieß die Flunder in den Grund, zwo, drei, vier: Sstata, tirallala,
wo sie 'nen goldnen Rubel fund, zwo, drei, vier: Sstata, tirallala.
Ein Goldstück von zehn Rubel, oh welch ein Jubel, oh welch ein Jubel,
ein Goldstück von zehn Rubel, oh welch ein Ju- - -bel.

4.   G   D   G
     Da war die olle Schrulle reich, zwo, drei, vier: Sstata, tirallala,
                             D   G
     da nahm der Harung sie sogleich, zwo, drei, vier: Sstata, tirallala.
      C   G   D   G
     Denn so ein alter Harung, der hat Erfahrung, der hat Erfahrung,
      C   G   D7   G
     denn so ein alter Harung, der hat Erfah- - - rung.

5.   G   D   G
     Und die Moral von der Geschicht? zwo, drei, vier, Sstata, tirallala,
                             D   G
     verlieb dich in 'nen Harung nicht, zwo, drei, vier, Sstata, tirallala,
      C   G   D   G
     denn so ein alter Harung, der hat Erfahrung, der hat Erfahrung,
      C   G   D7   G
     denn so ein alter Harung, der hat Erfah- - -rung.

KNACKFROSCH-ROCK

Text: Hans-Jürgen Netz   Musik: Reinhard Horn
aus CD/Heft „Quatsch mit Salsa"   © KONTAKTE Musikverlag, 59557 Lippstadt

2. Ein Knackfrosch in der Tasche schläft, bis in dem Bundestag (Em)

'ne Hand ihn aus der Tasche holt und fängt zu knacken an.

Und nach dem ersten Knack sind alle Politiker wach

und knacken einfach mit den großen Knackfrosch-Hit!   Ref: Kniknakniknaknock, das... (Em)

3. ...Lehrerzimmer... Lehrer...   Refrain:

4. ...Kirchenbank... Pastoren...   Refrain:

Strophe
Rechte Hand in die Hosentasche stecken, langsam die Hand herausnehmen und den Arm in die Luft strecken - bei dem jeweiligen "Knack" mit den Fingern schnipsen.

Refrain
4 x rechte Hand über linke Hand (hochkant) knacken
4 x linke Hand über rechte Hand (hochkant) knacken
4 x rechte Faust auf die linke Faust knacken
4 x linke Faust auf die rechte Faust knacken

SCHLAF EIN

Musik & Orginaltext: Burkhard Brozat
© Copyright 1996 by Mammut Media Musikverlag (Peermusic (Germany) GmbH

NILS HOLGERSSON

Musik: Karel Richard Svoboda   Text: Andrea Wagner
© Filmmusik-Musikverlag, Edition FKM-Junior, München

Die Erkennungsmelodie hier wiederholen. Sie kann mit Querflöte, Geige oder Gitarre gespielt werden.

BIENE MAJA

Musik: Karel Richard Svoboda   Text: Frorian Cusano
© Filmkunst-Musikverlag, Edition FKM-Junior, München

PINOCCHIO

Musik: Karel Richard Svoboda   Text: Florian Cusano
© Filmkunst-Musikverlag, Edition FKM-Junior, München

WER HAT AN DER UHR GEDREHT

Musik: Quirin Amper jun. & Fred Strittmatter   Text: Eberhard Storeck
© Filmkunst-Musikverlag, Edition FKM-Junior, München & Edition Raland, München

HEIDI

Musik Christian Bruhn   Text: Andrea Wagner & Erika Bruhn
© Filmkunst-Musikverlag, Edition FKM-Junior, München

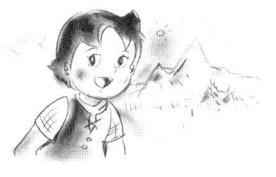

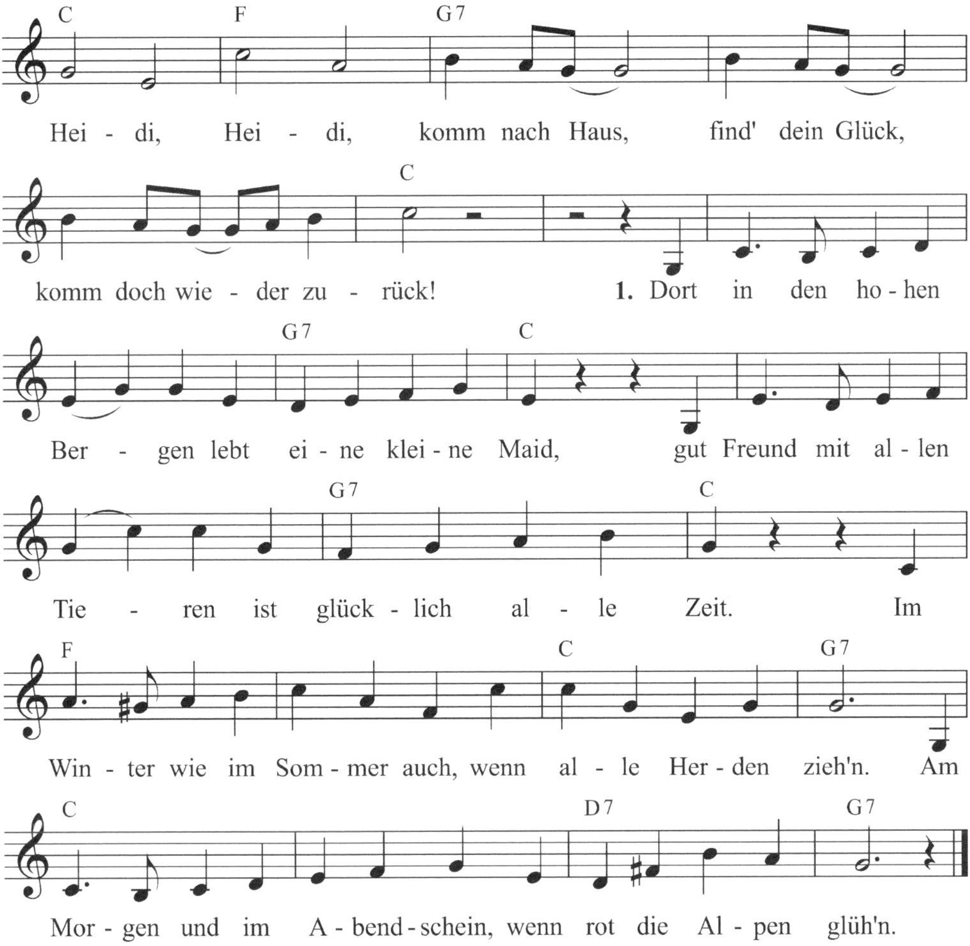
C F G7
Hei - di, Hei - di, komm nach Haus, find' dein Glück,
C
komm doch wie - der zu - rück! 1. Dort in den ho - hen
G7 C
Ber - gen lebt ei - ne klei - ne Maid, gut Freund mit al - len
G7 C
Tie - ren ist glück - lich al - le Zeit. Im
F C G7
Win - ter wie im Som - mer auch, wenn al - le Her - den zieh'n. Am
C D7 G7
Mor - gen und im A - bend - schein, wenn rot die Al - pen glüh'n.

C G7 C
Ref: Heidi, Heidi, deine Welt sind die Berge, Heidi, Heidi, denn hier oben bist du zuhaus.
C7 F
Dunkle Tannen, grüne Wiesen im Sonnenschein.
C G7 C
Heidi, Heidi, brauchst du zum Glücklichsein.
G7 C G7 C
Holloroiri, holloroiri, holloroiri, holloriri, holloroiri, holloroiri, holloroiri,
F C
holloroidi, odi, odi, holloriaho!
C F G7 C
Heidi, Heidi, komm doch heim, find' dein Glück, komm doch wieder zurück!

PAN TAU

Musik: Jiri Bazant, Jiri Malasek, Vlastimil Hala   Text: Iva Fischer
© Filmkunst-Musikverlag, München

2. Auf dem Kopfe, seht, der schwarze Hut, und die weiße Blume stehn so gut.
    Mal der Puppe, mal dem eleganten und charmanten Herrn?
    Ei, seht, jetzt dreht er seinen runden Hut. Wisst ihr wohl weshalb er dieses tut?
    Spass und Freude will er bringen heute, darum singt mit mir:

Ref: Haha! Das macht uns Spaß, Pan Tau...

Etwas Gescheiteres kann einer doch nicht treiben in dieser schönen Welt, als zu spielen. Mir kommt das ganze Leben wie ein Spiel vor.

Henrik Ibsen

HEY, PIPPI LANGSTRUMPF

Musik: Konrad Elfers, Jon Johansson   Text: Wolfgang Franke
© Filmkunst-Musikverlag (FKM), München

Pferd und je-der, der uns mag, kriegt un-ser Ein-mal-eins ge-lehrt.

        D   Em   A   D
2. Drei mal drei macht sechs, wide wide wer will's von mir lernen?
                  Em   A   D
Alle, groß und klein, tralalala lad ich zu mir ein.

     D   G   A
Ref: Hey, Pippi Langstrumpf, tralleri, tralleri, traller hopsasa.
     D   G   A   D
Hey, Pippi Langstrumpf, die macht was ihr gefällt.

WILDE KERLE

Text & Musik: Werner Kötteritz © Klettermax-Verlag, Iserlohn

       Em   D   Em
2. Die wilden Kerle brüllen los, ganz fürchterlich und laut,
    G   D   G
   und fletschen ihre fürchterlichen Zähne, das ei'm graut.
       C   G   B7   Em
   Sie rollen furchtbar grimmig mit den Augen, Mann oh Mann
     C   D   G   Am
   und zeigen ihre scharfen Krallen dann.   Ref: Wilde Kerle...

       Em   D   Em
3. "Seid still", ruft Kai und zähmt die wilden Kerle mit 'nem Trick:
    G   D   G
   Er starrt in ihre gelben Augen mit ganz festem Blick.
      C   G   B7   Em
   Die wilden Kerle kriegen Angst und dann hört man sie schrei'n:
     C   D   G   Am
   "Der wilde Kai soll unser König sein!"   Ref: Wilde Kerle...

       Em   D   Em
4. Der Kai befiehlt den wilden Kerlen: "Jetzt wird Krach gemacht!"
    G   D   G
   Schon brüllen, toben, raufen sie und furchtbar wird gelacht!
      C   G   B7   Em
   Sie klettern auf die Bäume, schwingen sich von Ast zu Ast,
     C   D   G   Am
   so geht es viele Stunden ohne Rast.   Ref: Wilde Kerle...

       Em   D   Em
5. Doch dann ruft Kai: "Ihr wilden Kerle, ich muss wieder heim.
    G   D   G
   Ich will zurück nach Hause und bei meiner Mama sein."
      C   G   B7   Em
   Er steigt ins Boot und winkt nochmal, zieht dann das Segel rauf,
     C   D   G
   und wacht in seinem Bett schon bald froh auf!

       Am   G
Ref: Wilde Kerle, furchtbar wilde,
        D   C   G
   die die Augen wild verdreh'n, konnte Kai im Traume sehn.
      Am   G
Wilde Kerle, furchtbar wilde,
        D   C   D   G
   ja, die toben mit Geschrei, und im Traum war Kai dabei!

LA LE LU

Text & Musik: Heino Gaze   © 1952 Peter Schaeffers Musikverlag

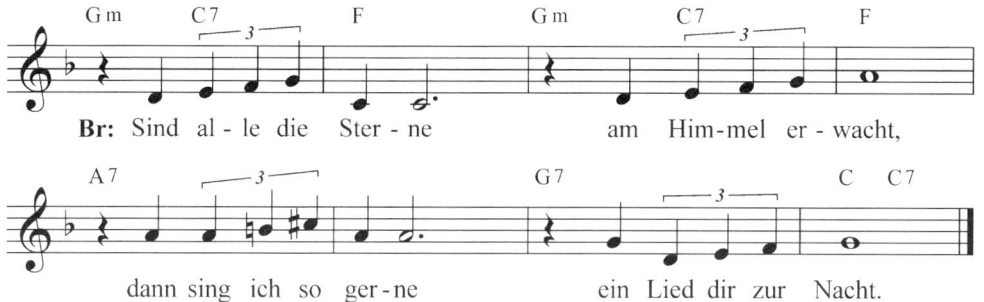

Br: Sind al - le die Ster - ne am Him-mel er - wacht,
dann sing ich so ger - ne ein Lied dir zur Nacht.

```
           F              C7
Ref1: La-le-lu, nur der Mann im Mond...


          Bb   C7        F
 1.   Dann kommt auch der Sandmann...


           F              C7
Ref2: La-le-lu, nur der Mann im Mond...
```

SCHLAGER- UND CHANSONS

SCHLAGER- UND CHANSONS

BUTTERFLY

Musik: Danyel Gérard   Text: Ralph Bernet   Deutscher Text: Ben Juris   Verlag: montana

```
        G              C           G
1. Auf dem Feld    blüh-te weiß   der Jas-min_____ und ich
        C              D7                   G
   ging oh-ne Ziel   vor mich hin._____ Wie im Traum, da
        C              G
   sah ich dich am   We-ge so al-lein, wie ein Schmet-ter-
        C    D     G                G
   ling im Son-nen-schein.____ Ref: But-ter-fly,_____ my but-ter-
        C              D7                  G
   fly,___ je-der Tag_____ mit dir war schön!____ But-ter-fly,___
                       C       D7           G
   _ my but-ter-fly,_____ wann werd' ich dich wie-der sehn?_____
```

                G   C   G   C   D7
2. Jedes Wort von dir klang wie Musik, und so tief wie die See war das Glück.
                G   C   G
   Eine Welt voll Poesie, die Zeit blieb für uns stehn,
                     C   D   G   G
   doch der Abschied kam, ich musste gehn! Ref: Butterfly...

                G   C   G   C   D7
3. Es ist still, nur der Wind singt sein Lied, und ich seh, wie ein Vogel dort zieht,
              G   C   G
   er fliegt hoch, hoch über mir ins Sonnenlicht hinein,
                  C   D   G   G
   gerne möcht' ich sein Begleiter sein. Ref: Butterfly...

AN DER NORDSEEKÜSTE

Composed by: B. van Hil, T. de Reede, R. Mol, W. Oertel, T. Buchner   Published by: Nanada Music bv

```
          G                            C
2.  Nach Flut kommt die Ebbe, nach Ebbe die Flut.
         G         D                  G
    Die Deiche, sie halten mal schlecht und mal gut.
                                      C
    Die Dünen, sie wandern am Strand hin und her,
          G          D              G
    von Grönland nach Flandern jedenfalls ungefähr.

         D
Ref: An der Nordseeküste...


          G                   C
3.  Die Seehunde singen ein Klagelied,
           G        D                     G
    weil sie nicht mit dem Schwanz wedeln können, so'n Schiet.
                                         C
    Die Schafe, sie blöken wie blöd auf dem Deich
           G           D              G
    und mit schwarzgrünen Kugeln garnier'n sie ihn reich.

         D
Ref: An der Nordseeküste...
```

MIT 66 JAHREN

Text: Wolfgang Höfer   Musik: Udo Jürgens   © by ARAN Concertical Productions AG, Zürich. Aran Concertical Productions AG, Zürich, für Deutschland, Österreich, Schweiz und osteurop. Länder. Musikverlag Johann Michel, Frankfurt/Main, für die übrige Welt. Mit Genehmigung von Aran Concertical Productions AG, Zürich, für Deutschland und Österreich: MELODIE DER WELT, J. Michel KG, Musikverlag, Frankfurt/Main.
Abdruck erfolgt mit freundlicher Genehmigung von MELODIE DER WELT, J. Michel KG, Musikverlag, Frankfurt/Main.

1. Ihr werdet euch noch wundern, wenn ich erst Rentner bin! Sobald der Stress vorbei ist, dann lang' ich nämlich hin, o-ho, o-ho, o-ho.

Da fön' ich äußerst lässig das Haar, das mir noch blieb.
Ich ziehe meinen Bauch ein und mach' auf "heißer Typ", oho, oho, oho! Und

sehen mich die Leute entrüstet an und streng; dann sag' ich: Meine Lieben, ihr seht das viel zu eng! **Ref:** Mit sechs-und-sech-zig Jah-ren, da fängt das Le-ben an! Mit

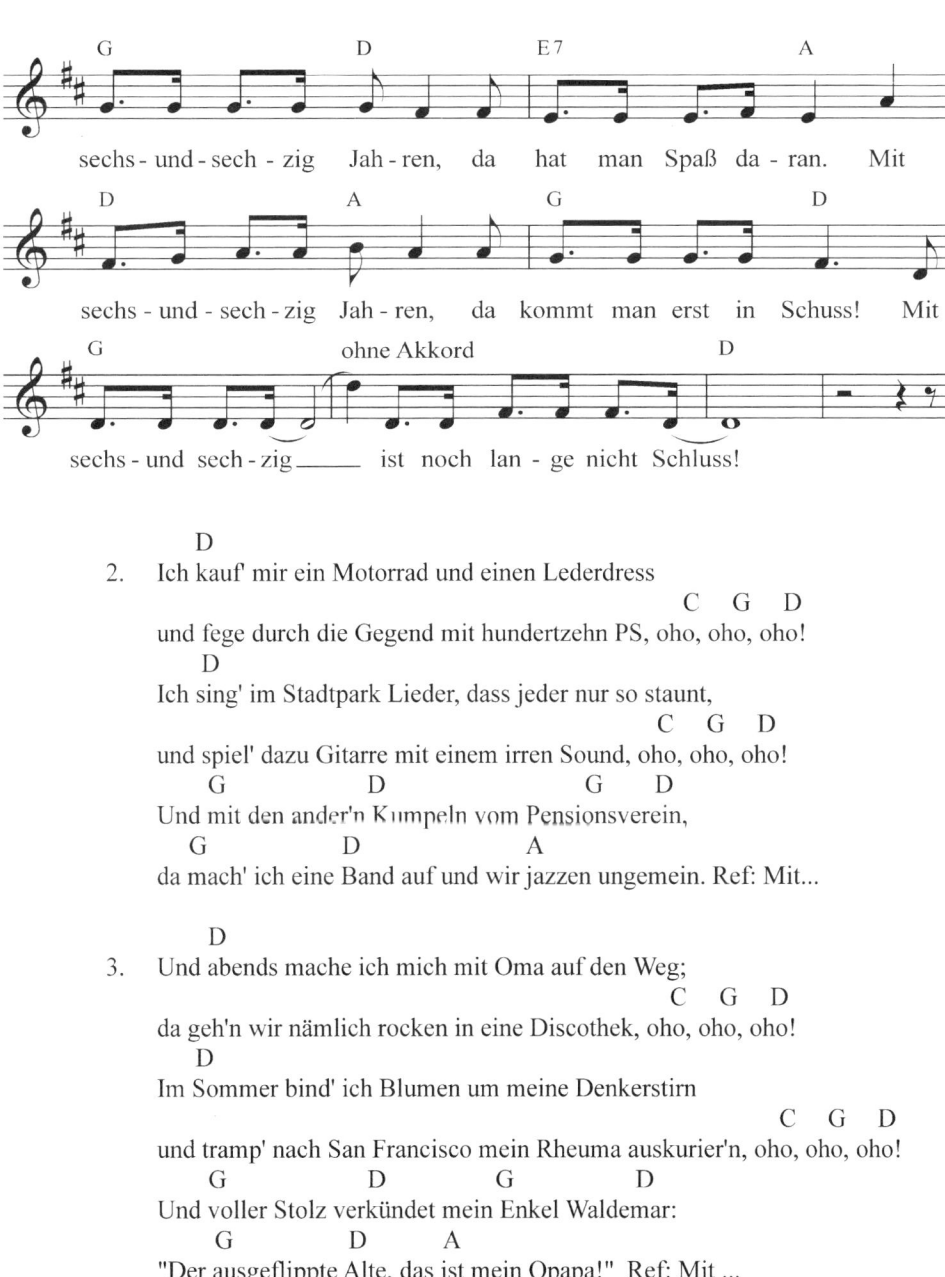

2.   Ich kauf' mir ein Motorrad und einen Lederdress
und fege durch die Gegend mit hundertzehn PS, oho, oho, oho!
Ich sing' im Stadtpark Lieder, dass jeder nur so staunt,
und spiel' dazu Gitarre mit einem irren Sound, oho, oho, oho!
Und mit den ander'n Kumpeln vom Pensionsverein,
da mach' ich eine Band auf und wir jazzen ungemein. Ref: Mit...

3.   Und abends mache ich mich mit Oma auf den Weg;
da geh'n wir nämlich rocken in eine Discothek, oho, oho, oho!
Im Sommer bind' ich Blumen um meine Denkerstirn
und tramp' nach San Francisco mein Rheuma auskurier'n, oho, oho, oho!
Und voller Stolz verkündet mein Enkel Waldemar:
"Der ausgeflippte Alte, das ist mein Opapa!" Ref: Mit ...

WAHNSINN

Words: by Van Haaren and Joachim Merz   Music: by Tony Hendrik
© 2004 Hanseatic Musikverlag GmbH Co KG, Germany and Warner Chappell Overseas Holdings Ltd
Warner Chappell Overseas Holdings Ltd, London W6 8BS
Reproduced by permission of Faber Music Ltd All Rights Reserved

längst schon auf dem Müll, doch noch weiß ich was ich will. Ich will dich.

        A   D   E A   D   E
2.   Ich lauf im Kreis von früh bis spät, denn ich weiß, dass ohne dich nichts geht.
        A   D   E   A   D   E
    Ich brauche Luft bevor mein Herz erstickt.
    A   D
    Und wie ein Wolf renn' ich durch die Stadt, such hungrig unsre Kneipen ab.
       A Fism   E
    Wo bist du? Sag mir, wo bist du?

          A
Ref: So ein Wahnsinn...   2x

WILLST DU MIT MIR GEH'N

Text / Musik: John Kongos, dt. Text: Miriam Frances   © Tapestry Music Ltd
Rechte für Deutschland, Österreich, Schweiz und Osteuropa: ESSEX MUSIKVERTRIEB GMBH, HAMBURG

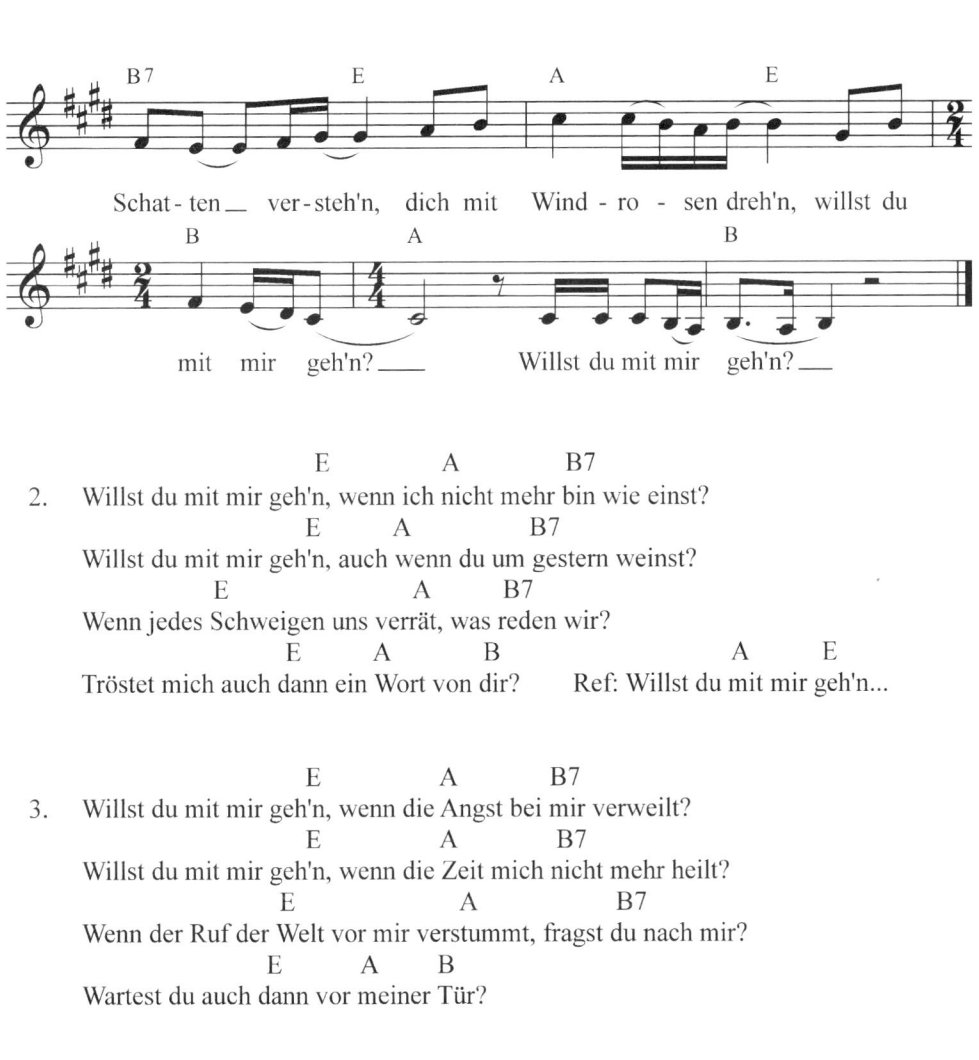

2. Willst du mit mir geh'n, wenn ich nicht mehr bin wie einst?
   Willst du mit mir geh'n, auch wenn du um gestern weinst?
   Wenn jedes Schweigen uns verrät, was reden wir?
   Tröstet mich auch dann ein Wort von dir? Ref: Willst du mit mir geh'n...

3. Willst du mit mir geh'n, wenn die Angst bei mir verweilt?
   Willst du mit mir geh'n, wenn die Zeit mich nicht mehr heilt?
   Wenn der Ruf der Welt vor mir verstummt, fragst du nach mir?
   Wartest du auch dann vor meiner Tür?

Schluss: (Willst du mit mir geh'n, Licht und Schatten versteh'n,
   dich mit Windrosen dreh'n, willst du mit mir geh'n. Willst du mit mir geh'n.) 2x

ICH HAB NOCH EINEN KOFFER IN BERLIN

Musik & Text: Siegel, Ralph Maria / Von Pinelli, Aldo

2. Lunapark und Wellenbad, kleiner Bär im Zoo,
    Wannseebad mit Wasserrad, Tage hell und froh.
    Werder, wenn die Bäume blühn, Park von Sanssouci,
    Kinder, schön war doch Berlin! Ich vergess' es nie:

Ref: Ich hab noch einen Koffer in Berlin...

MENSCH

Text & Musik: Herbert Grönemeyer © Grönland Musikverlag

        Bm
2.   Das Firmament geöffnet, wolkenlos und ozeanblau. Und Telefon, Gas,
                Fis
    Elektrik; unbezahlt, das geht auch.
    Bm
    Teile mit mir Dein' Frieden, wenn auch nur geborgt. Ich will nicht
                      A
    Deine Liebe. Ich will nur Dein Wort. Und es ist...

    Em7   Em6 Em7   Em6   Dmaj7 D6
Ref: Es ist o k,   alles auf dem Weg, und es ist Sonnenzeit,
    Dmaj7   D6   Em7   Em6
    ungetrübt und leicht. Und der Mensch heißt Mensch, weil er
    Em7   Em6   Dmaj7 D6
    irrt und weil er kämpft, und weil er hofft und liebt, weil er
    Dmaj7   D6   Em7   G   Bm
    mitfühlt und vergibt, und weil er lacht   und weil er lebt. Du fehlst.
         Em7   G   Bm
    Oh weil er lacht, weil er lebt. Du fehlst.

    Em7   Em6 Em7   Em6   Dmaj7 D6
Ref: Oh es ist o k,   alles auf dem Weg, und es ist Sonnenzeit,
    Dmaj7   D6   Em7   Em6   Em7
    ungetrübt und leicht. Und der Mensch heißt Mensch, weil er vergisst,
            Em6   Dmaj7   D6   Dmaj7   D6
    weil er verdrängt, und weil er schwärmt und glaubt, sich anlehnt und vertraut,
         Em7   G   Bm
    und weil er lacht   und weil er lebt. Du fehlst.
Em7   Em6 Em7   Em6   Dmaj7 D6
Oh, es ist schon o k. Es tut gleichmäßig weh. Es ist Sonnenzeit ohne
Dmaj7   D6   Em7   Em6   Em7   Em6
Plan, ohne Geleit. Der Mensch heißt Mensch, weil er erinnert, weil er kämpft,
           Dmaj7 D6   Dmaj7   D6
    und weil er hofft und liebt, weil er mitfühlt und vergibt, und weil er lacht,
Em7   G   Bm   Em7   G   Bm
und weil er lebt. Du fehlst. Oh weil er lacht, und weil er lebt. Du fehlst.

    Em7   Em6 Em7 Em6 Dmaj7D6 Dmaj7   D6
    Oh   oh   oh   oh yeah   oh   beliebig wiederholen

STILLE IST'S

Text & Musik: Bettina Wegner / Konstantin Wecker   © Anar. Musikverlag, c/o Bettina Wegner

1. Stille ist's und doch kein Frieden, volle Münder schreien nicht, wenn sie in den Betten liegen, spür'n sie kaum noch ihr Gewicht. Liegen doch auf weichen Kissen und ihr Sterben spür'n sie kaum. Manchmal, nachts, weint noch Gewissen, eingesperrt in ihren Traum.

     G   C
2. Überfluss und gutes Essen kann doch nicht das Leben sein.
   G   C
  Was mal war ist längst vergessen, hier zählt Haben und nicht Sein.
   E   Am
  Hier zählt heute, nicht das Morgen. Was aus unsrer Erde wird,
   G   C
  das bereitet keine Sorgen, nur, der Mensch in ihnen stirbt.

```
     G                             C
3.  Jede leise, stille Ahnung wird erstickt und schnell verbannt.
     G                       C
    Jede laute schrille Mahnung umgebracht durch ihre Hand.
     E                          Am
    Gib mir Ruhe, gib mir Frieden, sei's auch nur 'ne Stunde lang.
     G                         C
    Besser in die Tasche lügen, Wahrheit bleibt im Panzerschrank.

     G                              C
4.  Ach, das kennen wir doch alles, war doch alles schon mal da.
     G                       C
    Und im Falle eines Falles ist das überhaupt nicht wahr.
     E                          Am
    Abwehr spielen ihre Hände und kein Stein drückt ihre Brust,
     G                           C
    und wie immer, ganz am Ende, haben alle nichts gewusst.
```

Es ist besser, frohen Mutes auf Stroh zu liegen, als auf goldenem Stuhl an üppiger Tafel seine Ruhe zu verlieren.

Epikur

TAPETENWECHSEL

Text & Musik: Hans Hammerschmidt / Hildegard Knef   © Funkturm Verlag, Berlin

Ref: Ich brauch' Tapetenwechsel, sprach die Birke und macht' sich in der Dämm'rung auf den Weg. 1. Ich brauche frischen Wind um meine Krone, ich will nicht mehr in Reih und Glied in eurem Haine stehn, die gleiche Wiese sehn, die Sonne links am Morgen, abends rechts.

```
         Fism7        B7         E      Cism7
Ref: Ich brauch' Tapetenwechsel sprach die Birke
         Fism7        B7              E
     und macht' sich in der Dämm'rung auf den Weg.
```

```
           Am       D7       G    Cmaj7
2.  Ein Bus verfehlte sie um zwanzig Zentimeter,
             Fism7     Fis7     B7   E
    und auf dem Flugplatz war sie ernsthaft in Gefahr.
                 Fism7    B7      Gis7  Cism7
    Zwei Doggen folgten ihr um Astes Breite,
         Fism7       B7         E
    und kurz nach zwölf traf sie ein Buchenpaar.


             Fism7     B7      E    Cism7
Ref: Ich brauch' Tapetenwechsel sprach die Birke
         Fism7       B7           E
    und macht' sich in der Dämm'rung auf den Weg.


           Am       D7       G    Cmaj7
3.  Die eine sprach: Sie hab'n hier nichts zu suchen,
             Fism7 Fis7        B7   E
    so was wie Sie hat nicht einmal ein Nest.
             Fism7      B7           Gis7   Cism7
    Sie wurde gelb vor Ärger und weil's auch schon Herbst war,
         Fism7      B7         E
    Verzweiflung kroch ihr langsam ins Geäst.


             Fism7     B7      E    Cism7
Ref: Ich brauch' Tapetenwechsel sprach die Birke
         Fism7       B7           E
    und macht' sich in der Dämm'rung auf den Weg.


           Am       D7       G    Cmaj7
4.  Des Försters Beil traf sie im Morgenschimmer,
             Fism7    Fis7      B7  E
    gleich an der Schranke, als der D-Zug kam,
             Fism7       B7          Gis7  Cism7
    und als Kommode dachte sie noch immer,
         Fism7       B7          E
    wie schön es doch im Birkenhaine war.


             Fism7     B7      E    Cism7
Ref: Ich brauch' Tapetenwechsel sprach die Birke
         Fism7       B7           E
    und macht' sich in der Dämm'rung auf den Weg.    wdh und verklingen lassen
```

MUSICALS & FILMMUSIK

MUSICALS & FILMMUSIK

CHAN CHAN

Musik & Text: Maximo Francisco Repilado Munoz   © by BMG Music Publishing Spain S.A.
SVL: Musik – Edition Discoton GmbH (BMG Music Publishing Germany), München
Alle Rechte für Deutschland, Österreich, Schweiz

        Dm   F   Gm   A7
2. Cuando Juanica y Chan Chan en el mar cernían arena,
     Dm   F   Gm   A7
   como sacudia el "jibe" a Chan Chan le daba pena.

       Dm   F   Gm   A7
3. Limpia el camino de paja que yo me quiero sentar,
     Dm   F   Gm   A7
   en aquel tronco que veo y así no puedo llegar.

       Dm   F   Gm   A7
Ref: De Alto Cedro voy para Marcané luego a Cueto voy para Mayarí. mehrmals wdh

MY HEART WILL GO ON

Words: by Will Jennings   Music: by James Horner from the Paramount and Twentieth Century Fox Motion Picture TITANIC
Copyright © 1997 by Famous Music LLC, Ensign Music LLC, TCF Music Publishing, Inc., Fox Film Music Corporation and Blue Sky Rider Songs.   All Rights for Blue Sky Rider Songs Administered by Irving Music, Inc. International Copyright Secured.
All Rights Reserved (62,5%)   © Copyright 1997 Fox Film Music Corporation, USA/Twentieth Century Fox Incorporated.
Rondor Music (London) Limited (37,5%).   Used by permission of Music Sales Limited.
All Rights Reserved. International Copyright Secured.

```
       E         B        A      E  B
2.  Love can touch us one time and last for a lifetime,
       E         B        A
    and never let go till we're gone.
       E         B           A        E  B
    Love was when I loved you, one true time I hold to.
       E         B         A   Gism
    In my life we'll always go on.

       Cism B     A      B      Cism      B       A Gism Fism
Ref: Near, far, wherever you are, I believe that the heart does go on.
       Cism B     A      B        Cism     B
     Once more, you open the door and you're here in my heart,
              A       B     Cism B A B Cism B A Gis Fis
     and my heart will go on and on.
```

CHIQUITITA

Words & Music by Benny Andersson & Björn Ulvaeus   © Copyright 1979 Bocu Music Limited/Music for UNICEF.
Used by permission of Music Sales Limited.   All Rights Reserved.   Internationl Copyright Secured.

1. Chi-qui-ti-ta tell me what's wrong. You're en-chained by your own sor-row in your eyes there is no hope for to-mor-row. How I hate to see you like this there is no way you can de-ny it. I can see that you're oh, so sad, so quiet.

2. Chiquitita, tell me the truth, I'm a shoulder you can cry on
    F   G   C
your best friend, I'm the one you must rely on.
                                                Em
You were always sure of yourself, now I see you've broken a feather.
G F G   C
I   hope we can patch it up together.

Ref: Chi-qui-ti-ta, you and I know now the heart-aches come and they go and the

3. So the walls come tumbling down and your love's a blown out candle.
   All is gone and it seems too hard to handle.
   Chiquitita, tell me the truth, there is no way you can deny it.
   I see that you're, oh, so sad so quiet.

Ref: Chiquitita, you and I know...

CATCH ME

Words and Music by Stanley and Peter Wiggs © 1992 Warner/Chappell Music Ltd, London W6 8BS
Reproduced by permission of Faber Music Ltd All Rights Reserved

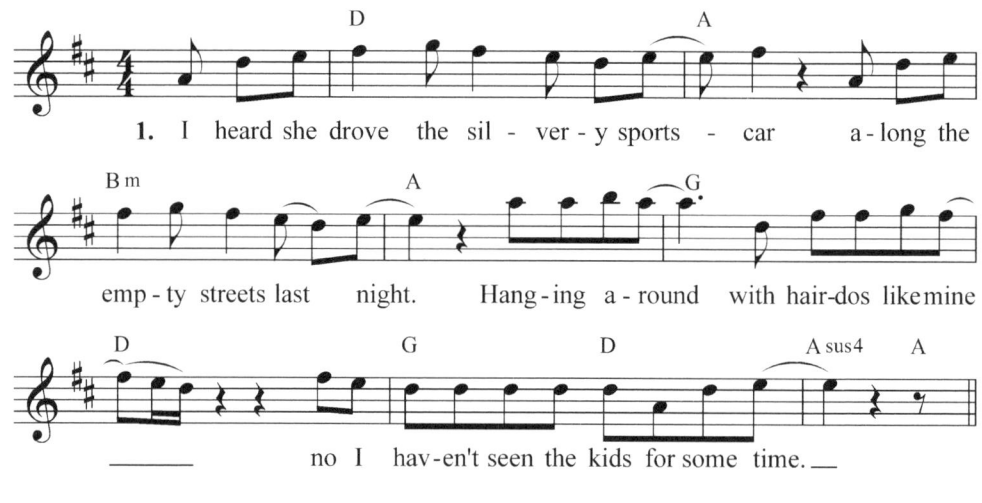

1. I heard she drove the sil-ver-y sports-car a-long the emp-ty streets last night. Hang-ing a-round with hair-dos like mine no I hav-en't seen the kids for some time.

```
          D                    A
2.    Picked up her shoes from the red-brick-stairway,
         Bm              A
      just like harpsichord as she moved,
               G         D
      and back upstairs at half past two
               G         D      Asus4 A
      with a paper folded outside the loo.
```

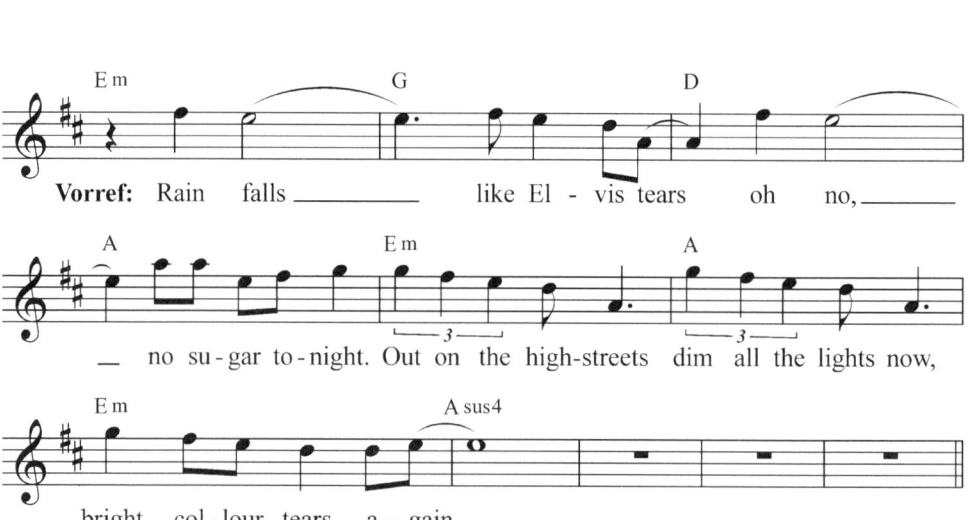

Vorref: Rain falls _____ like El-vis tears oh no, _____ no su-gar to-night. Out on the high-streets dim all the lights now, bright col-our tears a-gain.

2. I had a friend from over the harbour,
          D   A

       Bm   A
he said he stayed with a neighbourhood girl.
                        G   D
And sometimes when it won't go right
        G   D   Asus4 A
I can hear his voice inside me a night.

         Em   G   D
Vorref: Rain falls like Elvis tears...

     D   A
Ref: Baby don't forget to catch me... 3x

THE LION SLEEPS TONIGHT

Text & Musik: George David Weiss / Hugo Peretti / Luigi Creatore
© 1962, Renewed 1988 and assigned Abilene Music, Inc. Administered by the Songwriters Guild Of America,
Weehawken, New Jersey. Rights for the world excluding the USA and Canada, controlled by Memory Lane Music Ltd., London.
Abdruck erfogt mit freundlicher Genehmigung von MELODIE DER WELT, J. Michel KG, Musikverlag Frankfurt/Main.

```
        G                    C                  G              D
2. Near the village, the peaceful village, the lion sleeps tonight.
        G                    C                  G              D
   Near the village, the quiet village, the lion sleeps tonight.
   G    C   G          D  G C G D
   Wee --------- oh wim-o-weh.

        G                         C                  G              D
3. Hush, my darling, don't fear, my darling, the lion sleeps tonight.
        G                         C                  G              D
   Hush, my darling, don't fear, my darling, the lion sleeps tonight.
```

Intro beliebig wdh. und verklingen lassen.

Der Chor singt während der letzten acht Takte der Strophen 1 und 2 und beim Schluss seine Melodie mit.

THE LAST UNICORN

Words & Music by Jimmy Webb   © Copyright 1993 Sony/ATV Music Publishing (UK) Limited (50%)/Copyright Control (33,33%)/BMG Music Publishing Limited (16,67%). Used by permission of Music Sales Limited.
All Rights Reserved. International Copyright Secured.

```
              Am                      F          G
2. When the first breath of winter through the flowers is icing
              Am                      F          G
   and you look to the north and a pale moon is rising.
              Am        Em        F              G
   And it seems like all is dying and would leave the world to mourn,
          F         G        F         G
   in the distance hear the laughter of the last unicorn.
         C   Am    G   Am  Em  F  G
   I'm alive,   I'm alive.
```

```
                 Am                      F        G
3.    When the last moon is cast over the last star of morning
              Am                     F           G
      and the future is past without even a last desperate warning.
              Am        Em              F           G
      Then look into the sky where through the clouds a path is formed.
              F         G              F         G
      Look and see her how she sparkles, it's the last unicorn.
             C Am      G Am Em F G Am Em F G
      I'm alive,    I'm alive.
```

1982 erschien der Zeichentrickfilm The last unicorn nach dem gleichnamigen Roman von Peter S. Beagle, zu dem die Band America die Filmmusik komponierte. Hier der Titelsong, der im Original drei Halbtöne höher klingt.

I WALK THE LINE

Words and Music by Johnny Cash   © 1956 by Hi-Lo Music Inc, USA
Warner/Chappell North America Ltd, London W6 8BS for Germany
Reproduced by permission of Faber Music Ltd All Rights Reserved.

          B7   E
2. I find it very, very easy to be true.
         B7   E
    I find myself alone when each day is through.
          A   E   B7   E
    Yes I'll admit that I'm a fool for you, because you're mine, I walk the line.

         B7   E
3. As sure as night is dark and day is light.
         B7   E
    I keep you on my mind both day and night.
         A   E   B7   E
    And happiness I've known proves that it's right, because you're mine, I walk the line.

         B7   E
4. You've got a way to keep me on your side.
         B7   E
    You give me cause for love that I can't hide.
         A   E   B7   E
    For you I know I'd even try to turn the tide, because you're mine, I walk the line.

5. wie erste Strophe

HIT THE ROAD JACK

Words & Music by Percy Mayfield   © Copyright 1961 Tangerine Music Corporation, USA.
Rondor Music (London) Limited. Used by permission of Music Sales Limited.
All Rights Reserved. International Copyright Secured.

```
           Am  G
Ref: Hit the road, Jack...

         Am        G        F        E7
2.  Now Baby, listen Baby, don't you treat me this way,
         Am        G        F        E7
    'cause I'll be back on my feet some day.
         Am        G        F        E7
    Don't care if you do, well it's understood,
         Am        G        F        E7
    you ain't got no money, you just ain't no good.
         Am        G     F  E7  Am      G       F       E7
    So I guess if you said so, I'd have to pack my things and go! That's right!  Ref: Hit the...
```

RING OF FIRE

Text und Musik: June Carter/Merle Kilgore   © by Painted Desert Music Corp.
MELODIE DER WELT, J. Michel KG, Musikverlag, Frankfurt/Main, für Deutschland, Österreich, Schweiz und osteurop. Länder
Abdruck erfolgt mit freundlicher Genehmigung von MELODIE DER WELT, J. Michel KG, Musikverlag, Frankfurt/Main.

1. Love is a burn-ing thing and it makes a fier-y ring. Bound by the wild de-sire I fell in-to a ring of fire.

Ref: I fell in-to a burn-ing ring of fire ___ I went down, down, down, the flames they went high-er ___ and it burns, burns, burns the ring of fire, the ring of fire, the ring of fire. 2. The

```
            C     F    C  F C              G7   C  F C
2.  The taste of love is sweet    when hearts like ours beat.
            C       F    C  F C         G7       C
    I fell for you like a child,    oh, but the fire went wild.

         G7  C    F           C
    Ref: I fell into a burning ring of fire....
```

ROCK & POP

ROCK & POP

FLY AWAY

Words and Music by Lenny Kravitz   © 1998 Miss Bessie Music, USA   EMI Virgin Music Limited, London WC2H 0QY
Reproduced by permission of International Music Publications Ltd (a trading name of Faber Music Ltd) All Rights Reserved

1. I wish that I could fly in-to the sky so ve-ry high, just like a dra-gon-fly.

```
       G           Bb         F          C
2.  I fly above the trees over the seas in all degrees,
       G      Bb    F    C
    to anywhere I please. Oh
```

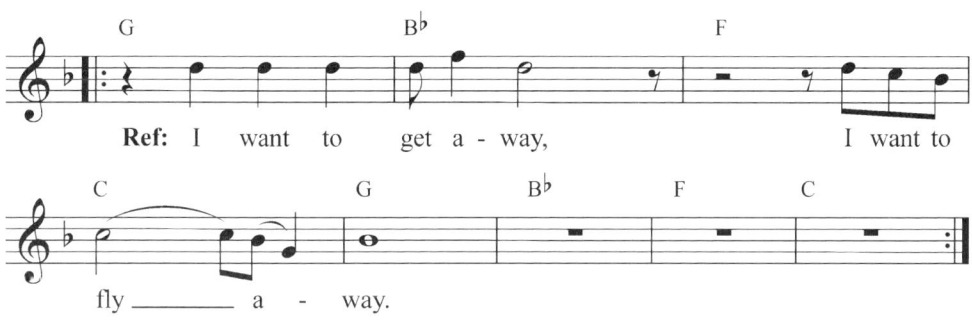

Ref: I want to get a-way, I want to fly ___ a - way.

```
       G          Bb         F             C
3.  Let's go and see the stars the Milky Way or even Mars,
       G          Bb       F   C
    where it could just be ours.

       G       Bb              F             C
4.  Let's go fade into the sun, let your spirit fly where we are one,
       G       Bb         F    C
    just for a little fun oh, oh, oh yeah.

       G      Bb
Ref: I want to get away...   wdh
```

BEHIND BLUE EYES

Text / Musik: Pete Townshend   © Fabulous Music Ltd
Rechte für Deutschland, Österreich, Schweiz und Osteuropa: ESSEX MUSIKVERTRIEB GMBH, HAMBURG

```
       Em              G           D9
2.  No one knows what it's like to feel theese feelings,
         C9         A9
    like I do, and I blame you.
       Em              G           D9
    No one bites back as hard on their anger,
           C9              A9
    none of my pain and woe can show through.

              C    D
Ref: But my dreams...

       Em              G           D9
3.  No one knows what it's like to be mistreated,
         C9     A9
    to be defeated behind blue eyes.
       Em              G           D9
    No one knows how to say that they're sorry
           C9         A9
    and don't worry I'm not telling lies.

              C    D
Ref: But my dreams...

       Em              G           D9
4.  No one knows what it's like to be the bad man,
         C9     A9
    to be the sad man behind blue eyes.
```

Ursprünglich von Peter Townshend, dem genialen Songwriter von The Who im Jahr 1971 komponiert, tauchte Behind Blue Eyes 2003 nochmal auf. Limp Bizkit hatten mit ihrer Coverversion, an der wir uns hier orientieren, sehr großen Erfolg.

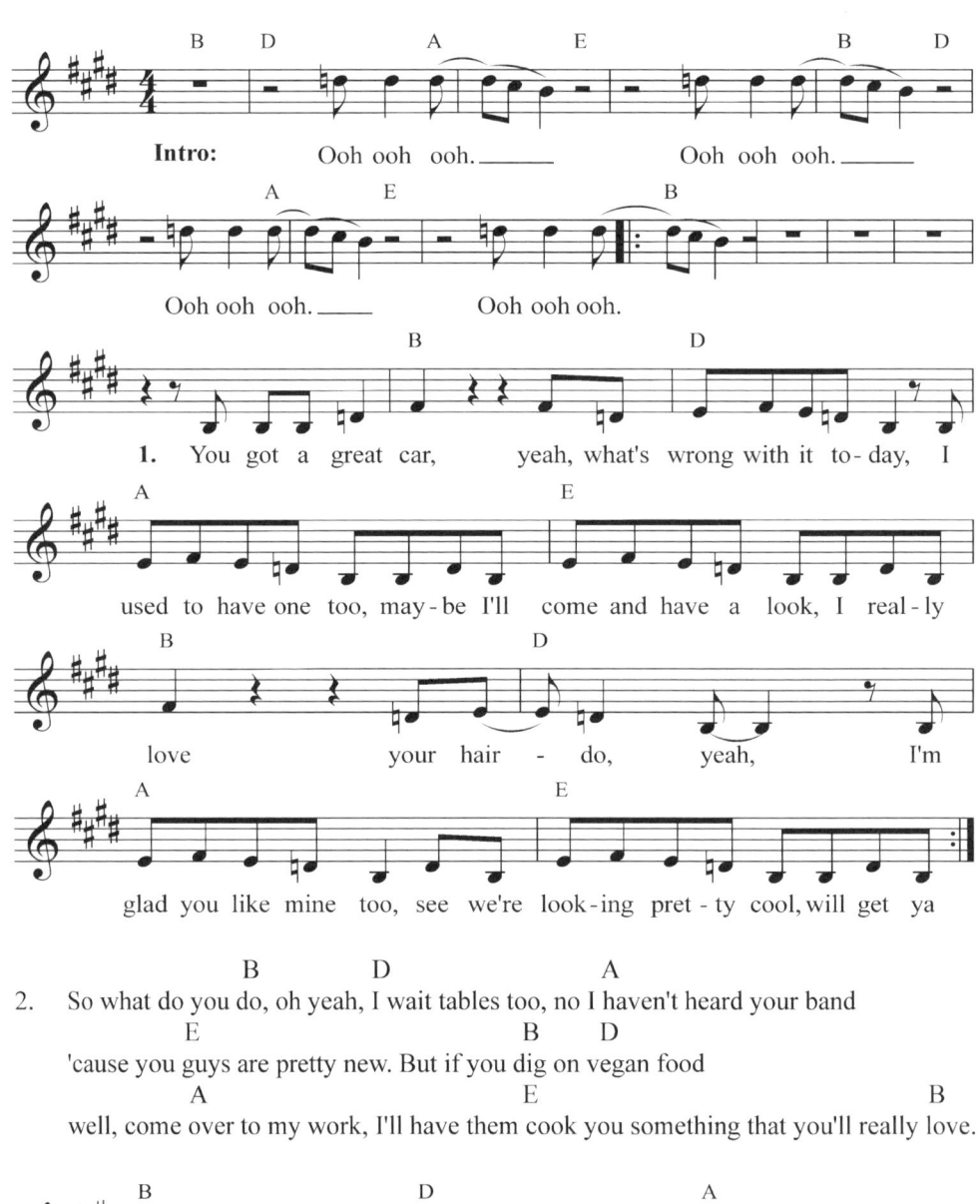

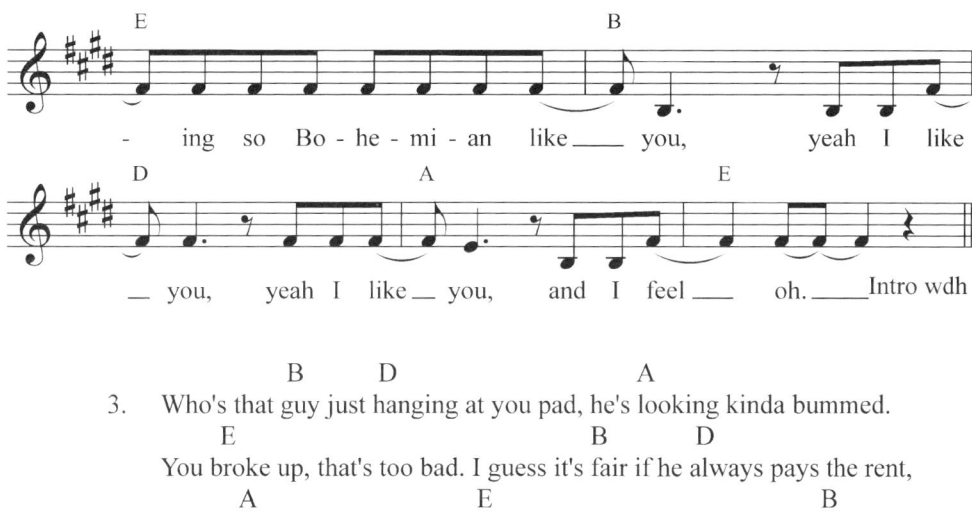

E B
- ing so Bo - he - mi - an like ___ you, yeah I like
D A E
___ you, yeah I like ___ you, and I feel ___ oh. ___ Intro wdh

B D A
3. Who's that guy just hanging at you pad, he's looking kinda bummed.
E B D
You broke up, that's too bad. I guess it's fair if he always pays the rent,
A E B
and he doesn't get bent about sleeping on the couch when I'm there.
D A B D A
Ref: 'Cause I like you, yeah I like you... Intro: Ooh ooh ooh....

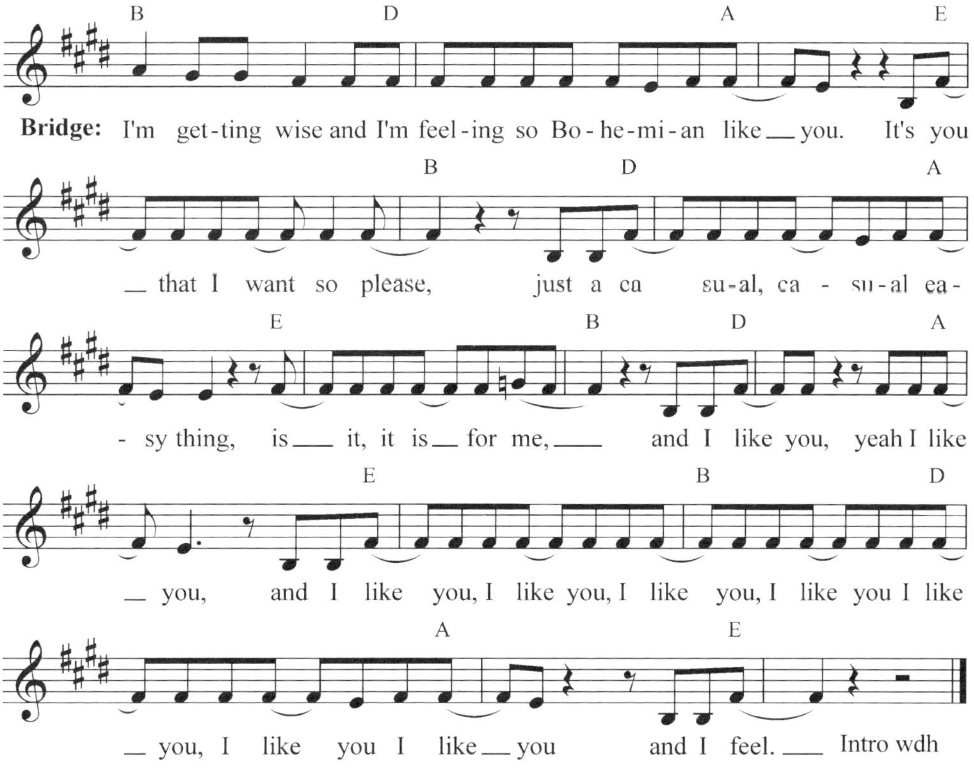

B D A E
Bridge: I'm get-ting wise and I'm feel-ing so Bo - he-mi - an like ___ you. It's you
B D A
___ that I want so please, just a ca su-al, ca - su-al ea -
E B D A
- sy thing, is ___ it, it is ___ for me, ___ and I like you, yeah I like
E B D
___ you, and I like you, I like you, I like you, I like you I like
A E
___ you, I like you I like ___ you and I feel. ___ Intro wdh

EASY DAY

Musik & Text: Peter Horn Jr., Sebastian Horn, Florian Rein   © Hypernorm Music/ Universal Music Publ. GmbH

2. What the hell, this must be an antique supermarket,
   what am I doing here, God, these people drinking milk!!!
   But the clothes they wear look rather cool to me. I wear the same, what am I doing here?
   ohne Akkorde
   Excuse me, Sir, can you help me out? I wanna bake a cake but I don't know how.
   No, I don't, but I'm sure I will, so what do you need for your bakery?   Ref: It's like...

3. Every working morning tired, yawn too often I got fired
   wondered if there is a God searching for a fishingrod
   with hooks that sting right through our hearts, forcing us onto new starts.
   Love and knowledge are the way, to try to have an easy day.

Im Original einen Ganzton höher, also Kapo am 2. Bund

EIN KOMPLIMENT

Musik: Florian Weber / Rüdiger Linhof / Peter Stephan Brugger   Text: Peter Stephan Brugger
© by Arabella Musikverlag GmbH „Edition Sportfreunde" (33,33%) BMG Music Publishing Germany, München /
Neue Welt Musikverlag GmbH (66,67%).   Alle Rechte für die Welt.   © 2001 Sportfreunde Edition, Germany
(66,67%) Warner Chappell Music Ltd, London W6 8BS   Reproduced by permission of Faber Music Ltd.   All Rights Reserved.

```
         D                    Am                          C
2.  Wenn man so will bist du meine Chill-Out-Area, meine Feiertage in jedem Jahr,
         Em
    meine Süßwarenabteilung im Supermarkt.
         D                            Am                              C
    Die Lösung, wenn mal was hakt, zu wertvoll, dass man es sich gerne aufspart
                                  Em
    und so schön, dass man nie darauf verzichten mag.


         D         Am
Ref: Ich wollte dir nur mal eben sagen...


Zwischenspiel: wie Strophe

         D         Am
Ref: Ich wollte dir nur mal eben sagen...


Schluss: D  fade out
```

Diesen Song der Sportfreunde Stiller bringen wir besonders ausführlich und in Originaltonart, weil die noch kein eigenes Songbook haben und Ein Kompliment auch sonst noch nicht gedruckt wurde.

'54, '74, '90, 2010

Musik: Peter Stephan Brugger, Florian Weber, Rüdiger Linhof   Text: Peter Stephan Brugger, Florian Weber
© by Arabella Musikverlag GmbH „Edition Sportfreunde" (BMG Music Publishing, Germany), München.
Alle Rechte für die Welt.

lau - tet die De - vi - se: Nichts wie rauf auf den Fuß - ball - thron. Und zwei und drei und vier - und

               G
Ref: Vierundfünfzig, vierundsiebzig...

          G   D   Am
2. Die ganze Welt greift nach dem goldenen Pokal, am Kap der guten Hoffnung
    Em
probieren wir's nochmal.
     G   D   Am   Em
Wir als Gast in Südafrika, wird unser Traum dann endlich wahr

und zwei und drei und

               G
Ref: Vierundfünfzig, vierundsiebzig...

       Am   G
3. Beim ersten Mal war's 'n Wunder, beim zweiten Mal war's Glück,
    Am   C   G
beim dritten Mal der verdiente Lohn und das nächste Mal wird's 'ne Sensation.

Eins und zwei und drei und

               G
Ref: Vierundfünfzig, vierundsiebzig...

Im Original Kapo 2. Bund

DU TRÄGST KEINE LIEBE IN DIR

Musik & Text: Michel van Dyke © 1999 by Edition Michel von der Klugt / EMI Music Publishing Germany GmbH & Co. KG / © Ed. Lachender Horst / Universal Music Publ. GmbH

Intro: Hu hu hu hu...

      A   D
2. Deine Augen sehn verzweifelt, dein Lachen klingt so aufgesetzt.
    A   D
   Bild ich`s mir ein oder hab ich dich etwa nach so langer Zeit verletzt?
   Bm   Cism
   Ich hab dich noch nie so gesehen. Du fragst mich, ob wir uns wiedersehen.
       Bm   Esus4
   Doch es gibt kein Zurück mehr, und du brauchst mich nicht mehr.

         D   A   A   D
Vorref: Du bist immer noch...   Ref: Denn du trägst keine Liebe...   Schluss: Hu hu hu hu...

JUNIMOND

Musik: Andreas Hartmann   Text: Rio Reiser   © GG Musikverlag GmbH

```
         G    C        D
2.  Zweitausend Stunden hab ich gewartet,
            G    C        D
    ich hab sie alle gezählt und verflucht.
            G      C         D
    Ich hab getrunken, geraucht und gebetet,
                G          C      Bm
    hab dich flussauf- und flussabwärts gesucht.

                             Em
Ref: Doch jetzt tut's nicht mehr weh...   2x dann ausklingen lassen
```

        Bm   D   A
2. Glaub keinem, der dir sagt, dass du nichts verändern kannst,
   Bm   D   E
  die, die das behaupten, haben nur vor Veränderung Angst.
        Bm   D   A
  Es sind dieselben, die erklären, es sei gut so wie es ist,
     Bm   D   E   G
  und wenn du etwas ändern willst, dann bist du automatisch Terrorist. Ref: Es ist nicht...

       Bm   D   A
3. Lass uns diskutieren, denn in unserem schönen Land
      Bm   D   E
  sind zumindest theoretisch alle furchtbar tolerant.
      Bm   D   A
  Worte wollen nichts bewegen, Worte tun niemandem weh.
      Bm   D   E
  Darum lass uns drüber reden, Diskussionen sind o-k. Nein!
       Bm   D   A
  Geh mal wieder auf die Straße, geh mal wieder demonstriern.
            Bm   D   E
  Denn wer nicht mehr versucht zu kämpfen kann nur verliern!
Bm   D   A
Die dich verarschen, die hast du selbst gewählt.
      Bm   D   E
  Darum lass sie deine Stimme hörn, weil jede Stimme zählt.   Ref: Es ist nicht...

ICH BIN ICH

Musik & Text: Peter Plate, Ulf Leo Sommer
© by ARARBELLA MUSIKVERLAG/ PARTITUR MUSIKVERLAG (BMG Music Publishing Germany, München).   Alle Rechte für die Welt.

1. Ge-hör ich hier denn noch da-zu, o-der bin ich längst schon drau-ßen? Zeit nimmt sich den näch-sten Flug. Hab ver-sucht, ihr nach-zu-lau-fen. Bin doch ges-tern erst ge-boren, und seit ku-zem kann ich gehen. Hab mein Gleich-ge-wicht ver-loren, doch kann trotz-dem gra-de-stehen.

Zwischenspiel: D Bm Gmaj7 Asus4

| D | Bm | G | A | D |
2. In meinem Kopf ist so viel Wut, gestern Nacht konnt ich nicht schlafen.
| | Bm | G | A | Em |
Dass du da warst, tat mir gut, bitte stell jetzt keine Fragen.
| | G | A | | Em |
Denn ich würde nur bereuen, hätt ich mich an dir verbogen.
| | G | A | | D |
War bestimmt nicht immer treu, doch ich hab dich nie betrogen.

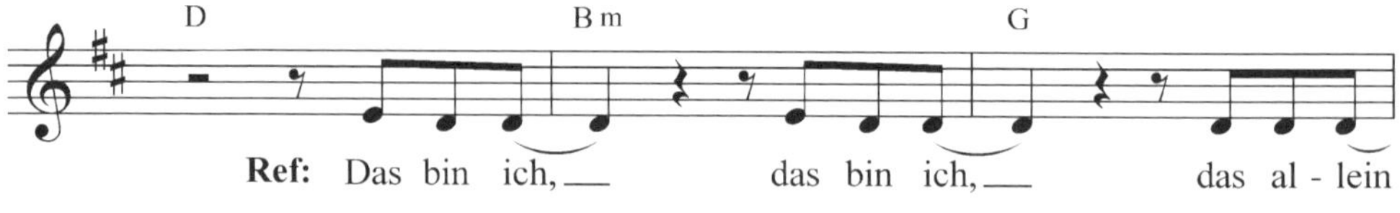

Ref: Das bin ich, das bin ich, das al-lein

```
           G  A              D G  A                 Em
3.  Ich muss mich jetzt nicht finden, darf mich nur nicht verlieren.
                G            A                      Em
    Bin doch gestern erst geboren, und seit kurzem kann ich gehen.
                     G             A
    Hab mein Gleichgewicht verloren, doch kann trotzdem gerade stehen.
```

Zwischenspiel: G Bm7 Asus4 Asus4 G Bm7 Asus4 Asus4

```
             G        Bm       A
Ref: Ich bin jetzt, ich bin hier, ich bin ich, das allein ist meine Schuld.
             G        Bm       A
     Ich bin jetzt, ich bin hier, ich bin ich, das allein ist meine Schuld.
              G        Bm       A
     Wir sind jetzt, wir sind hier, wir sind wir, das allein ist unsre Schuld.
              G        Bm       A
     Wir sind jetzt, wir sind hier, wir sind wir, das allein ist unsre Schuld.
```

Schluss: D Bm Gmaj7 Asus4 D Bm Gmaj7 Asus4

```
       D         Bm         Gmaj7  A G
       Gehör ich hier denn noch dazu?
```

GEILE ZEIT

Musik: Simon Triebel / Jonas Pfetzing Text: Simon Triebel   © by EMI Music Publishing GmbH & Co. KG, Hamburg

2. Du willst hier weg, du willst hier raus, du willst die Zeit zurück. Du atmest ein,
du atmest aus, doch nichts verändert sich. Wo ist die Nacht, wo ist der Weg?
Wie weit, wie weit noch? Fragst mich, wo wir gewesen sind.   Bridge und Ref.

Ref: Ja, ich weiß, es war ne geile Zeit,
Schluss: Ja, ich weiß, es war ne geile Zeit, hey, es tut mir leid, es ist vorbei. Es ist vorbei.
Es ist vorbei,   es ist vorbei,   es ist vorbei,   es ist vorbei.

Tag. Es gibt mehr als du weißt, es gibt mehr als du sagst.

```
                        Em7                    C9
2.  Deine Hände sind schon taub, hast Salz in deinen Augen.
                      Em7                      C9
    Zwischen Tränen und Staub fällt es schwer noch dran zu glauben.
                              Am7              Dsus4  D
    Du hast dein Leben lang gewartet, hast die Wellen nie gezählt,
               C9
    hast das alles nicht gewollt, du hast viel zu schnell gelebt.

                                Am9             Em
    Vorref: Jetz kommt sie langsam auf dich zu... Ref: Das ist die perfekte Welle...
```

Refrain wiederholen   Original: Kapo 1. Bund

SUPERGIRL

Musik & Text: Raymond Michael Garvey / Sebastian Padotzke / Uwe Bossert / Mike Gommeringer / Philipp Rauenbusch
© by Arabella Musikverlag GmbH*(50%) (BMG Music Publishing Germany), München/B612 Publishing GmbH (50%)
Alle Rechte für die Welt.

```
         Fism              Cism           Bm           D
2. And the she'd say that nothing can go wrong, when you're in love what can go wrong.
         Fism              Cism           Bm           D
   And then she'd laugh the night time into day, pushing her fears further along.


          A
Ref: And then she'd say it's O-K...


             A                      E
Ref: And then she'd shout down the line tell me she's got no more time,
              Fism             D
   'cause she's a supergirl, and supergirls don't cry.
              A                      E
   And then she'd scream in my face tell me to leave, leave this place,
              Fism             D
   'cause she's a supergirl, and supergirls just fly.
```

Schluss: Yes she's a su-per-girl,   a su-per-girl.
She's saw-ing seeds, she's burn-ing trees she's saw-ing seeds,
— she's burn-ing trees. Yes she's a su-per-girl, —
a su-per-girl,   a su-per-girl,
my su-per-girl. —

RADIO

Words & Music by Andrea Corr, Caroline Corr, Sharon Corr & Jim Corr.
© Copyright 1999 Universal-Songs Of Polygram International Incorporated/Beacon Communications
Music Company, USA. Universal Music Publishing Limited. Used by permission of Music Sales Limited.
All Rights Reserved. International Copyright Secured.

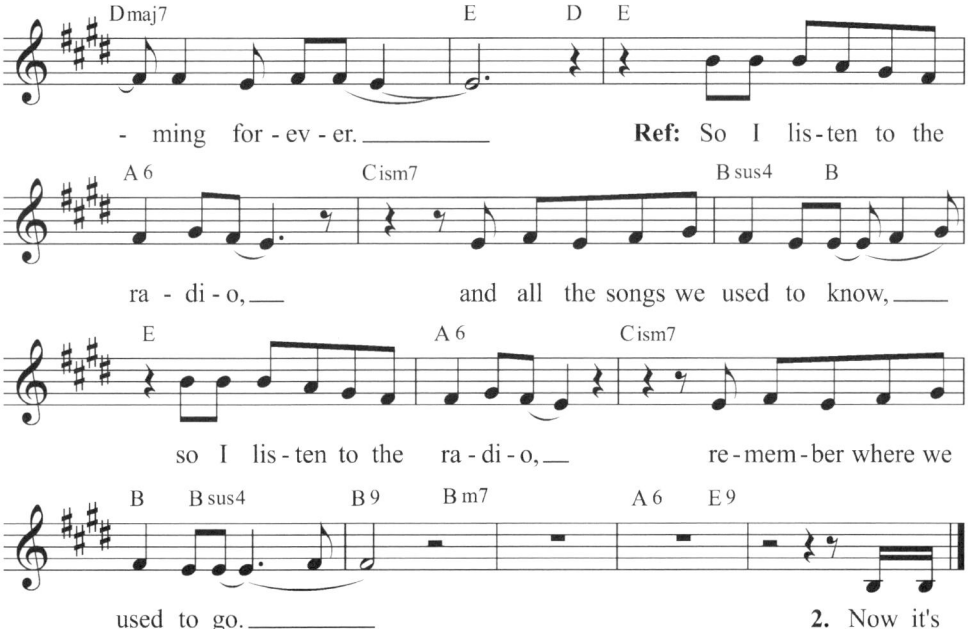

```
        B9              Bm7
2.  Now it's morning light and it's cold outside,
    A6                      E9                        B9 Bm7 A6 E9
    caught up in a distant dream I turn and think that you are by my side.
        B9              Bm7
    So I leave my bed and I try to dress,
    A6                              E9                    B9 Bm7 A6 E9
    wondering why my mind plays tricks and fools me into thinking you are there.

        Fis         Dmaj7       Fis  Dmaj7             Fis
Bridge: But you're just in my head, swimming forever in my head,
            Dmaj7       Fis         Dmaj7       E  D
        not lying in my bed, just swimming forever.

      E             A6
Ref: So listen to the radio...    2x
```

FREE/ONE I WISH I KNEW HOW IT WOULD FEEL TO BE FREE

Musik und Text: William E. Taylor / Richard Carroll Lamd   © 1997 DUANE MUSIC INC
Alle Rechte für Deutschland, Österreich, Schweiz, Osteuropa und Türkei bei GLOBAL MUSIKVERLAG, München

```
                C           Am         F          C
    2. I wish I could share all the love that's in my heart,
                    Am         G
       then move all the bars that keep us apart.
                C           Am         F          C
       And I wish you could know how it feels to be me,
                    Am              F              C
       then you'd see and agree that every man should be free.

                C           Am         F          C
    3. I wish I could be like a bird in the sky.
                      Am       G
       How sweet it would be if I found I could fly.
                C           Am         F          C
       Well I'd soar to the sun and look down at the sea.
                       Am         F         C
       And I'd sing 'cause I'd know how it feels to be free.
```

           C   Am   F   C
4. I wish I knew how it would feel to be free,
                 Am   G
    I wish I could break all the chains holding me.
           C   Am   F   C
    And I wish I could say all the things that I once said.
                Am   F   C
    Say 'em loud, say 'em clear, for the whole wide world to hear.
                Am   F   C
    Say 'em loud, say 'em clear, for the whole wide world to hear.
                Am   F   C
    Say 'em loud, say 'em clear, for the whole wide world to hear.

 C   Am7   Fmaj7   C   Am7   Fmaj7   C
I wish I knew how it would feel to be free. I wish I knew how it would feel to be free.

HIGH

Words and Music by James Blunt and Ricky Ross © EMI Music Publishing Ltd and The Poor Music Company Ltd (50%) EMI Music Publishing Ltd, London WC2H 0QY (50%) Warner/Chappell Artemis Music, London W6 8BS Reproduced by permission of Faber Music Ltd and International Music Publications Ltd (a trading name of Faber Music Ltd) All Rights Reserved

```
        G            B7
2.   Beautiful dawn, melts with the stars again.
              Em
     Do you remember the day when my journey began?
     A7                         G
     Will you remember the end of time?
                  Em
     Beautiful dawn, you're just blowing my mind again.
     Am7                      A7sus4
     Thought I was born to endless night,    until you shine.


        C D         Em           C
Ref: High,    running wild among all the stars...
```

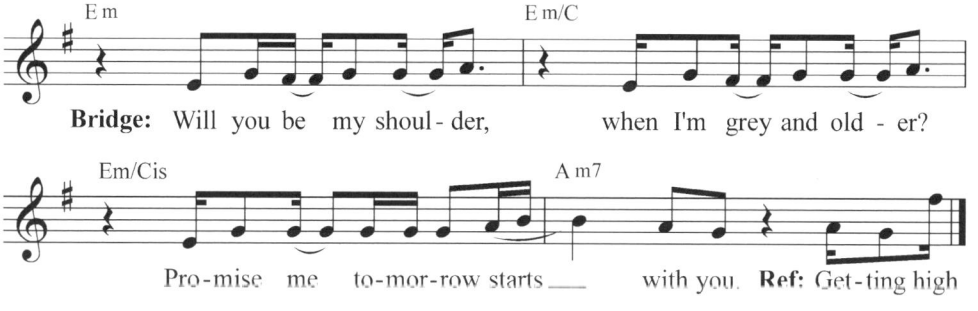

```
        C D         Em           C
Ref: Getting high,   running wild among all the stars...


        C D         Em           C
Ref: High,   running wild among all the stars above.
        C D         Em           C       G
     Sometimes   it's hard to believe you remember me.
```

— I've heard what they say, — but I'm not here for trou-ble. It's more than just words, — it's just tears and rain.

      G   Bm   Em C
2. How I wish I could walk through the doors of my mind.   All memory close at hand,
    G   D G   Bm   Em
    help me understand the years.   How I wish I could choose between heaven and hell.
    C   G   D
    How I wish I would save my soul,   I'm so cold from fearing.

                          G   D   Em   C
Ref: I guess it's time I run far, far away, find comfort in pain. All pleasure's the same it just
                             G   D   Em
    keeps me from trouble. Hides my true shame, like Dorian Gray, I've heard what they
        C   G   D   Em
    say, but I'm not here for trouble. Far, far away, find comfort in pain. All pleasure's the
        C   G   D   G D
    same, it just keeps me from trouble. It's more than just words, it's just tears and rain.

Br: Ah, ——————— tears and rain. Ah, ———
——————— tears — and rain. ———

       G   D   Em   C
Ref: Far, far away, find comfort in pain. All pleasure's the same, it just keeps me from trouble.
       G   D   G
    It's more than just words, it's just tears and rain.

YOU'RE BEAUTIFUL

Words and Music: by James Blunt, Sacha Skarbek and Amanda Ghost
© 2002 EMI Music Publishing Ltd and Bucks Music Group Ltd (63%) EMI Music Publishing Ltd, London WC2H 0QY
Reproduced by permission of International Music Publications Ltd (a trading name of Faber Music Ltd)   All Rights Reserved
© Bucks Music Group Ltd (37%) London W8 7TQUsed by permission of Bucks Music Ltd.   All Rights Reserved.

2. Yes she caught my eye as I walked on by.
                    Am   F
    She could see from my face that I was fucking high.
            C   G
    And I don't think that I'll see her again
          Am
    but we shared a moment that will last 'til the end.

    F   G
Ref: You're beautiful...

            F   G C   F   G   C
Schluss: You're beautiful, you're beautiful, you're beautiful it's true.
               F   G   C   Am
     There must be an angel, with a smile on her face.
              F   G   C Am
     When she thought up that I should be with you.
            F   G   Am   F   G   C
     But it's time to face the truth, I will never be with you.

Mit dem Titel You're Beautiful wurde der bis dahin vollkommen unbekannte James Blunt praktisch über Nacht weltberühmt und sein erstes Album "Back to bedlam" war auch in Deutschland lange die Nummer eins in den Charts.

Um mit der Aufnahme mitzuspielen, müsst ihr den Kapo am dritten Bund einsetzen.

SAVE TONIGHT

Words and Music: by Eagle Eye Cherry © 1996 Diesel 2 Publishing Management AB Warner/Chappell Music Ltd, London W6 8BS Reproduced by permission of Faber Music Ltd All Rights Reserved

fight the break of dawn. Come to-mor-row, to-mor-row I'll be gone. There's a

            Am F   C G   Am F   C   G
2.   There's a log on the fire and it burns like me for you.
              Am   F   C G Am   F
    Tomorrow comes one desire to take me away.
    C   G   Am F   C   G   Am F   C   G
    Oh, it's true. It ain't easy   to say good-bye, darling, please don't start to cry.
    Am   F   C G   Am   F   C G
    'Cause girl you know I've got to go.   Oh, Lord, I wish it wasn't so.

             Am   Am F C G Am F C G
Ref: Save tonight...   Solo:

Br: To-mor-row comes to take me a-way. I wish that I, that I could stay. Girl you know I've got to go, Lord, I wish it was-n't so.

             Am
Ref: Save tonight... wdh und verklingen lassen

IT'S SO HARD

Musik & Text: Anouk Teeuwe & Bart van Veen   © 1997 by TBM Publishing
Rechte für Deutschland, Österreich, Schweiz und Osteuropa (außer Baltikum):
EMI Music Publishing Germany GmbH & Co. KG, Hamburg

it's all so hard, it's so hard.

```
       Dm         Bb              C9
2.  As I search for an answer, I see the clear blue sky
                              Dm
    and I know that you're the one to blame.
         Bb            C9                      Dm
    And I feel so naive when you say that our love to you was just a game.
         Bb            C9          Dm
    I dream, my dream, I'm sane, I'm insane.
         Bb            C9                  Bbmaj7
    Oh, please, don't please, don't speak to me that way.

                    C9
Br: Do you mean to tell me...

         Dm        Bb       C9 Dm      Bb         C9
Ref2 It's all so hard, it's so hard,   it's all so hard it's so hard.
         Dm        Bb         C9 Dm         Bb              C9
     Damned it's so hard, why you're so hard. Why you're so hard it's tearing me apart.

     Improvisationsteil wie Strophe

                    C9
Br: Do you mean to tell me...         Ref2 wdh
```

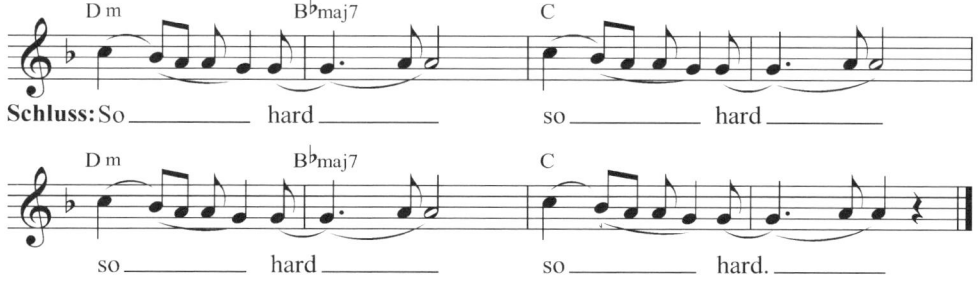

Schluss: So hard so hard so hard so hard.

Dieser Song von Anouk erschien 1998 auf dem Album "Together Alone" und klingt im Original einen Halbton tiefer.

I'M OUTTA LOVE

Words & Music by Anastacia, Sam Watters & Louis Biancaniello   © Copyright 2000 Breakthrough Creations/S.M.Y. Publishing/Sony/ATV Tunes LLC/PohoProductions, USA. Sony/ATV Music Publishing (UK) Limited (85%)/Universal Music Publishing Limited (15%).   Used by permission of Music Sales Limited. All Rights Reserved.   International Copyright Secured.

```
       Am         E7   G         D           Am
2.  Said how many times have I tried to turn this love around?
              E7        G         D           Am         E7
    But every time, you just let me down. Come on, be a man about it, you'll survive.
    F             E7              Am                  E7
    Sure that you can work it out allright, tell me; yesterday, did you know,
           F           E7                       Am
    I'd be the one to let you go? And you know...   Ref: I'm outta love...
```

Ref. wdh und verklingen lassen.   Im Original klingt das Stück einen Halbton höher!

WHENEVER, WHEREVER

Words by Shakira & Gloria Estefan Music by Shakira & Tim Mitchell © Copyright 2002 Aniwi Music LLC/Sony/ATV Latin Music Publishing LLC/F.I.P.P.International, USA. Sony/ATV Music Publishing (UK) Limited. Used by permission of Music Sales Limited. All Rights Reserved. International Copyright Secured.

1. Luck-y you were born that far a-way so we could both make fun of dis-tance.

Luck-y that I love a for-eign land for the luck-y fact of your ex-ist-ence.

Ba-by I would climb the An-des sole-ly to count the freck-les on your bo-dy.

Nev-er could i-ma-gine there were on-ly ten mil-lion ways to love some-bo-dy.

Br: Le do le le le le. Le do le le le le.

ohne Akk.

Can't you see I'm at your feet?

Ref: When-ev-er, where-ev-er, we're meant to be to-geth-er.

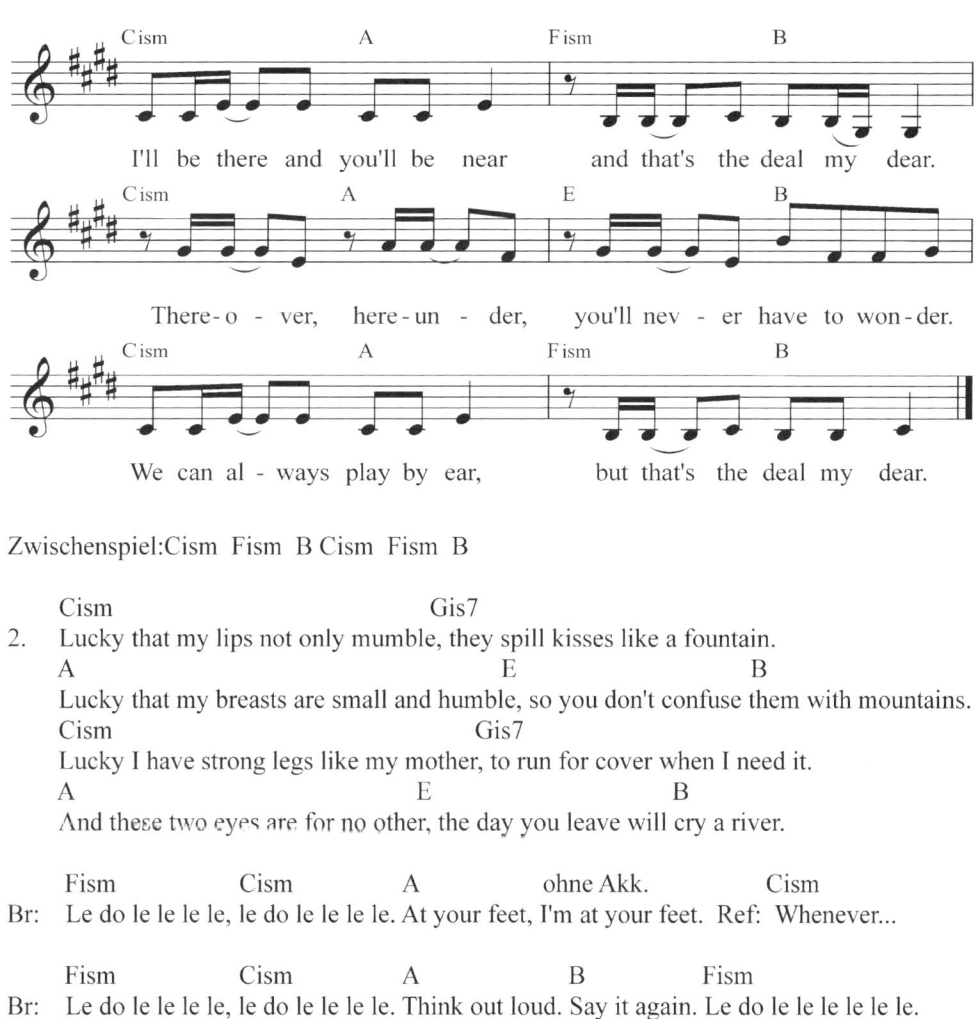

Zwischenspiel: Cism Fism B Cism Fism B

    Cism   Gis7
2. Lucky that my lips not only mumble, they spill kisses like a fountain.
    A   E   B
    Lucky that my breasts are small and humble, so you don't confuse them with mountains.
    Cism   Gis7
    Lucky I have strong legs like my mother, to run for cover when I need it.
    A   E   B
    And these two eyes are for no other, the day you leave will cry a river.

       Fism   Cism   A   ohne Akk.   Cism
Br: Le do le le le le, le do le le le le. At your feet, I'm at your feet. Ref: Whenever...

       Fism   Cism   A   B   Fism
Br: Le do le le le le, le do le le le le. Think out loud. Say it again. Le do le le le le le le.
     Cism   A   B
    Tell me one more time that you'll live lost in my eyes.

     Cism   A   E   B
Ref: Whenever, wherever, we're meant to be together,
     Cism   A   Fism   B
    I'll be there and you'll be near and that's the deal my dear.
     Cism   A   E   B
    Thereover, hereunder, you've got me head over heels.
     Cism   A   Fism   B
    There's nothing left to fear if you really feel the way I feel.

FALLIN'

Musik & Text: Alicia Augello Cook (Alicia Keys)   © 2001 by EMI April Music Inc. / Lellow Productions
Rechte für Deutschland, Österreich, Schweiz & Osteuropa (außer Baltikum): EMI Music Publishing Germany GmbH & Co. KG

```
       Em Bm7         Em
2.  I      never felt this a way.
       Bm7                      Em    Bm7              Em
       How do you give me so much pleasure and cause me so much pain?
                 Bm7       Em  Bm7                    Em   Bm7
       Yeah, yeah. Just when I think   I'm taking more than would a fool,
              Em   Bm7         Em
       I start fallin'   back in love with you.

       Bm7    Em
Ref: I keep on fallin'...
```

```
       Bm7    Em
Ref: I keep on fallin'...   2x
```

COME AWAY WITH ME

Musik & Text: Norah Jones © 2002 by EMI Blackwood Music Inc. / Muthajones Music LLC
Rechte für Deutschland, Österreich, Schweiz & Osteuropa (außer Baltikum): EMI Songs Musikverlag GmbH & Co. KG

5. und 6. Strophe instrumental

7.   G   F   C
7.   And I want to wake up with the rain, falling on a tin roof.
       G   F
     While I'm safe there in your arms.
     C   G   C
     So all I ask is for you
              Am   C   Am C   G   C
     to come away with me in the night.   Come away with me.

SEVEN YEARS

Musik & Text: Alexander Lee   © 2002 by EMI Blackwood Music Inc. / Fumblethumbs Music
Rechte für Deutschland, Österreich, Schweiz & Osteuropa (außer Baltikum): EMI Songs Musikverlag GmbH & Co. KG

4. und 5. Strophe instrumental

```
       G7      E7        Am7
Ref: Fragile as a leaf in autumn...
```

```
         C        G     Am7  C       D7      F
6.   Spinning, laughing, dancing to her favourite song
              C    E7    Am7    C      F     C
     she's a little girl with nothing wrong  and she's all alone.
         C    E7    Am7             F     C
     A little girl with nothing wrong and she's all alone.
```

CRAWLING UP A HILL

Musik & Text: John Mayall © TRO Essex Music Ltd
Rechte für Deutschland, Österreich, Schweiz und Osteuropa: ESSEX MUSIKVERTRIEB GMBH, HAMBURG

```
            Cism      B       Amaj7 Gism7  Cism        B       Amaj7 Gism7
3.    So here I am in London town. A better scene I'm gonna be around.
                 Cism      B           Amaj7   Gism7
      The kind of music that won't bring me down.
                Cis5   ohne Akk.
      My life is just a slow train crawling up a hill.
```

Zwischenspiel: Dm   C   Bbmaj7 Am7   3x

```
       Dm      C         Bbmaj7 Am7         Dm      C       Bbmaj7  Am7
4.    Ev'ry morning 'bout half past eight my Mama wakes me, says "don't be late."
         Dm       C         Bbmaj7  Am7
      I get to the office, try'n' to concentrate.
            D5        ohne Akk.
      My life is just a slow train crawling up a hill.

       Dm      C       Bbmaj7 Am7  Dm       C        Bbmaj7     Am7
5.    So I stop one day to figure it out. Quit my job without a shadow of a doubt
            Dm       C      Bbmaj7  Am7
      to sing the blues that I know about.
            D5         ohne Akk.
      My life is just a slow train crawling up a hill.

          G          C        Fis       B         E       A        D
Ref: Minute after minute, second after second, hour after hour goes by.
          G          C        Fis       B        E                    A7
      Working for a rich girl, staying just a poor girl. Never stop to wonder why.
```

4. und 5. Strophe wdh.

```
             Dm       Bbmaj7 Am7     Dm          C    Bbmaj7 Am7
Schluss: Here I am in London town. A better scene I'm gonna be around.
                 Dm        C       Bbmaj7  Am7
         The kind of music that won't bring me down.
                Dm                   C   Bb A7sus4  Dm
         My life is just a slow train crawling up    a     hill.
```

Katie Melua hat diesen alten Hit von John Mayall auf ihrem Album "Call of the search"
gecovert und damit 2003 einen Nummer 1 Erfolg gehabt. Hier leicht vereinfacht
(aber trotzdem noch ganz schön kompliziert) und fünf Halbtöne höher.

COME ON OVER

Musik & Text: Robert John Lange / Eileen Lange © Out Of The Pocket Productions Ltd. / Loon Echo, Inc.
SVL: Musik - Edition Discoton GmbH (BMG Music Publishing Germany), München
Alle Rechte für Deutschland, Österreich, Schweiz.

        F   Bb
Ref: Come on over, come on in; pull up a seat, take a load off your feet.
     F   Bb
     Come on over, come on in; you can unwind, take a load off your mind.
    F   Bb F   Bb
    Oh, oh. Oh, oh.

          Fis   B
3. Be a winner, be a star, yeah, be happy to be who you are.
         Fis   B
     Gotta be yourself, gotta make a plan, gotta go for it while you can, yeah.

       Fis   B
Ref: Come on over, come on in; pull up a seat, take a load off your feet.
     Fis   B   Fis B Fis B
     Come on over, come on in; you can unwind, take a load off your mind.

          Fis   B
4. Get a life, get a grip, get away somewhere, take a trip.
            Fis   B
     Take a break, take control, take advice from someone you know.

       Fis   B
Ref: Come on over, come on in; pull up a seat, take a load off your feet.
     Fis   B   Fis
     Come on over, come on in; you can unwind, take a load off your mind, yeah.
                       B
     Come on over, come on in. Yeah, come on, come on.
    Fis B Fis   B   Fis B   Fis
    Oh, oh. Oh, oh. Oh, oh, come on in.

GOOD PEOPLE

Words & Music by Jack Johnson © Copyright 2005 Universal/MCA Music Limited.
Used by permission of Music Sales Limited.   All Rights Reserved.   International Copyright Secured

218 QuerBeet

NO NO NEVER

Text & Musik: Jane Comerford © 2006 by Ed. Texas Lightning c/o George Glueck Publishing GmbH

2. My love shines brighter than a twinkling star, baby, no matter where you are, and my love keeps burning like an eternal flame, you can feel it when I'm calling your name.

Br: Keep tryin', babe...   Ref: I'm never ever gonna...   Ref: wdh 1 Ganzton höher

ENGEL FLIEGEN EINSAM

Words and Music by Hannes Strasser
© 2001 Neue Welt Music Verlag GmbH & Co Kg and Edition Logistic, Germany
Warner/Chappell Overseas Ltd, London W6 8BS   Reproduced by permission of Faber Music Ltd   All Rights Reserved

```
       G                         Em                    C
2.  Und weißt du wie die Träumer schlafen, hast du je einen gesehn,
                     G
    Träumer schlafen einsam.
                            Em                   C
    Und weißt du wie die Feen verzaubern, hast du je eine gesehn,
                     G
    Feen verzaubern einsam.
                            Em                   C
    Und weißt du wie die Engel fliegen, hast du je einen gesehn,
                     G
    Engel fliegen einsam.
    Bm7                 Em                       C              Dsus4
    Ich weiß es geht dir ganz genau so, was hast du mit mir gemacht, du und ich gemeinsam.

        G      Em
Ref: Engel fliegen einsam...
```

Br: Dann bin ich auf-ge-wacht, __ und ha-be mich ge-fragt, __
bist du auch so al-lein, __ und muss das wirk-lich sein? __

```
           G         Em
    Ref: Engel fliegen einsam...
```

DAYLIGHT IN YOUR EYES

Musik & Text: Anthony M. Bruno / Thomas V. Byrnes / Paul Mahos
Verlag: © 2000 Wintrup Musikverlag, Detmold/Partitur Musikverlag/Paul Mahos Songs/WB Music Corp. (ASCAP) (Warner/Chappell)

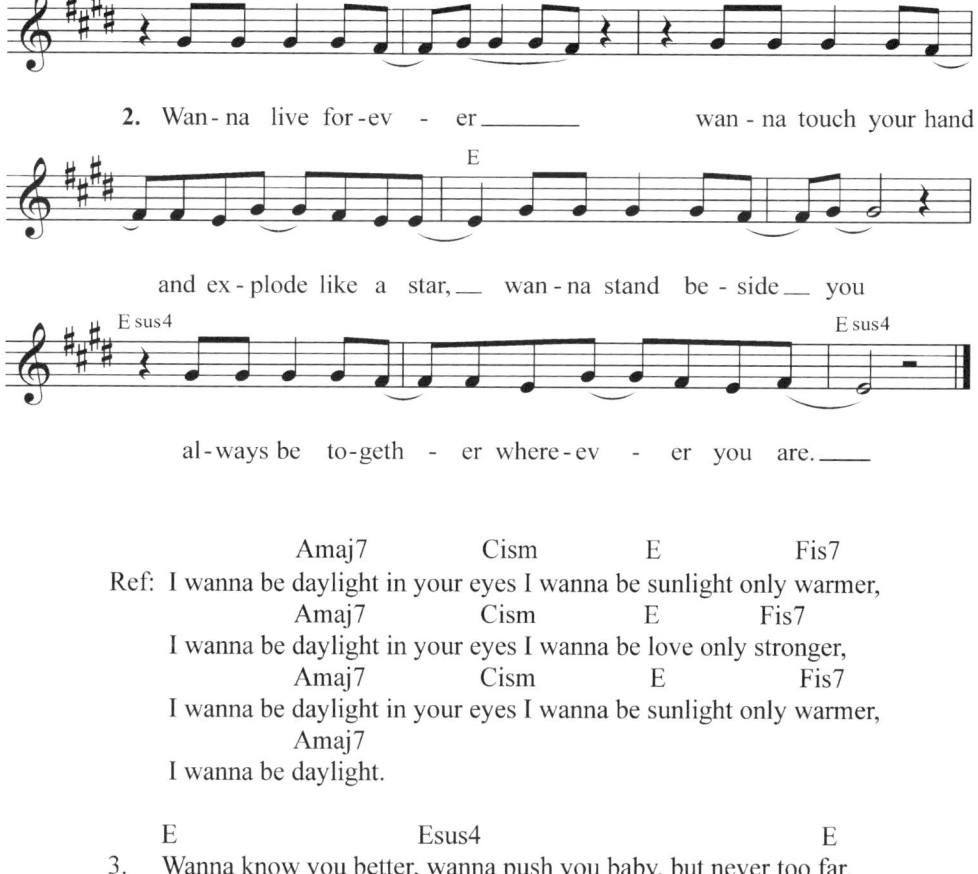

                Amaj7   Cism   E   Fis7
Ref: I wanna be daylight in your eyes I wanna be sunlight only warmer,
                Amaj7   Cism   E   Fis7
I wanna be daylight in your eyes I wanna be love only stronger,
                Amaj7   Cism   E   Fis7
I wanna be daylight in your eyes I wanna be sunlight only warmer,
                Amaj7
I wanna be daylight.

       E   Esus4   E
3. Wanna know you better, wanna push you baby, but never too far.
                Esus4   Fis7
Wanna live forever, wanna be like you just as weak as you are.

               Cism7   A   Fis7
Ref:2 I wanna be daylight I see it in your eyes, daylight,
              B7   ohne Akkord
I wanna be just you and me warmer than sunlight.
    E   Esus4   E   Esus4   E
Daylight in your eyes, in your eyes, in your eyes.

Vereinfachte Version für Gitarre

IRGENDWIE, IRGENDWO, IRGENDWANN

Musik: Jörn-Uwe Fahrenkrog-Petersen   Text: Carlo Karges
© by Edition Hate der EMI Songs Musikverlag GmbH & Co. KG, Hamburg

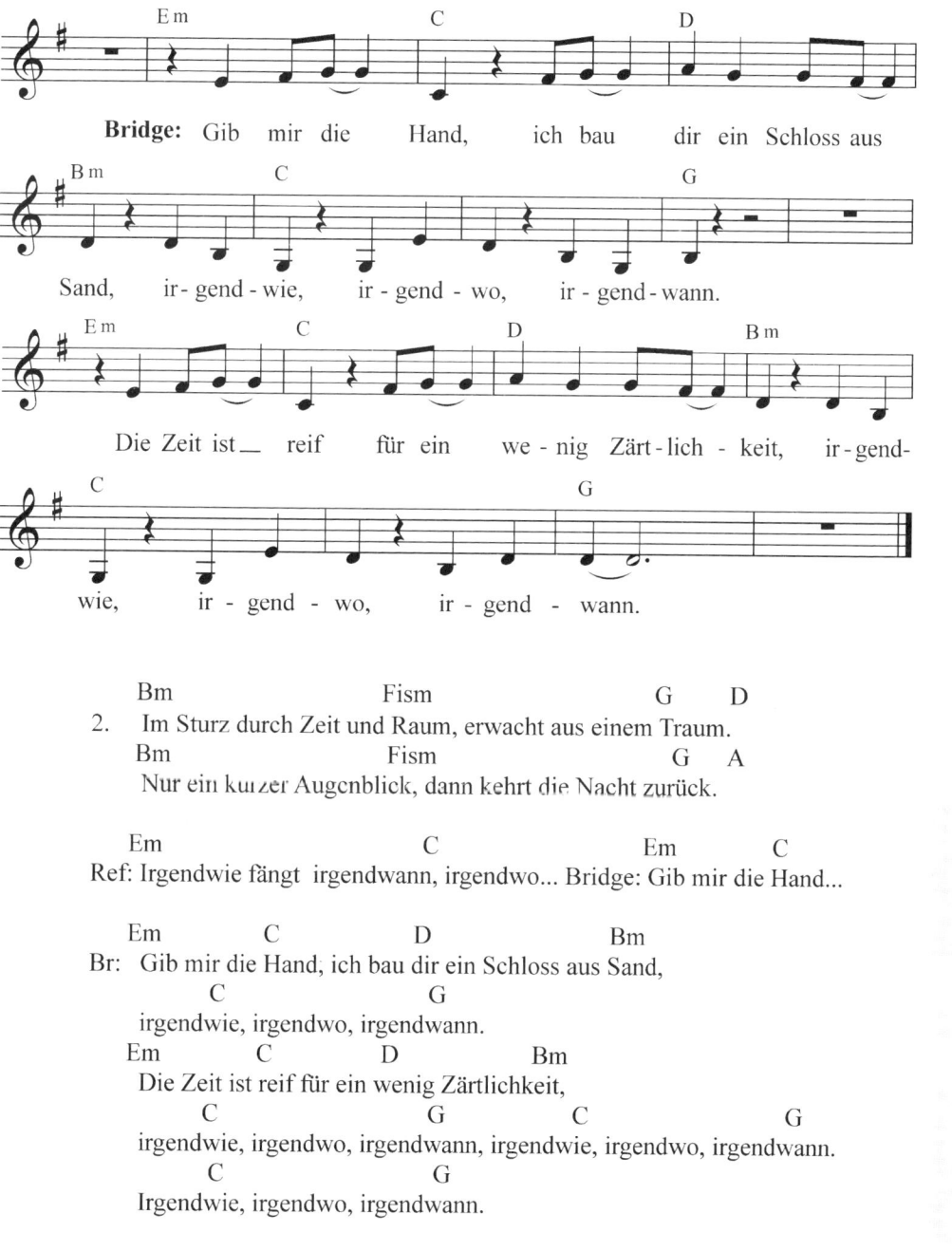

```
       Bm              Fism           G    D
2. Im Sturz durch Zeit und Raum, erwacht aus einem Traum.
       Bm              Fism           G    A
   Nur ein kurzer Augenblick, dann kehrt die Nacht zurück.

     Em           C              Em          C
Ref: Irgendwie fängt irgendwann, irgendwo... Bridge: Gib mir die Hand...

     Em       C         D           Bm
Br:  Gib mir die Hand, ich bau dir ein Schloss aus Sand,
            C              G
     irgendwie, irgendwo, irgendwann.
     Em       C         D           Bm
     Die Zeit ist reif für ein wenig Zärtlichkeit,
              C          G          C          G
     irgendwie, irgendwo, irgendwann, irgendwie, irgendwo, irgendwann.
              C          G
     Irgendwie, irgendwo, irgendwann.
```

WILDS WOSSA

Musik & Text: Alfred Jaklitsch Subverlag für Deutschland: Tyroton
© 1999 Tyroton Edition, D-82481 Mittenwald

C G C G
2. A Stimm, die so hell wia a Juschroa auf d'Höh. A Woana so mild wia da
C G C
Herist beim See. Oa Wort war scho zweng, oa Wort war scho zvü
G C F
zum sagn wias ma geht, zu beschreiben des Gfühl Ref: Bist wia a wilds Wossa...

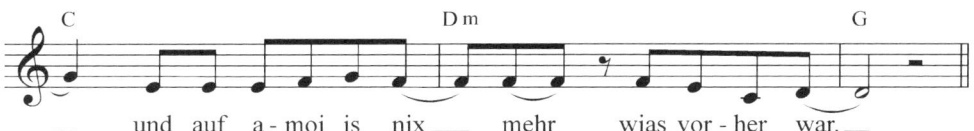

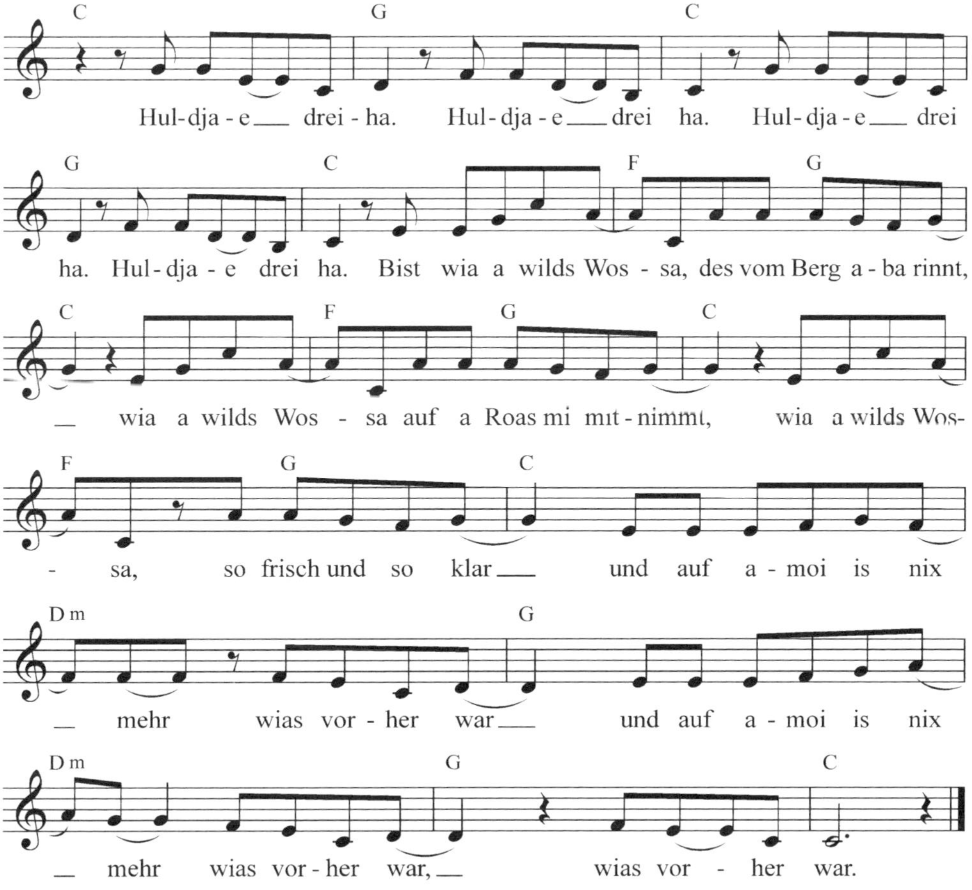

JUNISCHNEE

Musik & Text: Alfred Jaklitsch © 2002 Verlag: Hera / Bellasoni

1. Du kimmst in mei Lebn hoaß wia a Sum-ma-tag, wia a Wild-bach frisch, hell wia a Blitz-schlag. Wia a Wald-moos woach, stolz als wia a Bam, zart wia da Mor-gen-tau, mach-tig wia a Lahn.

Ref: Kimmst wia da Ju-ni-schnee, kimmst ü-ber d'Nacht, kimmst ü-ber d'Höh. Kimmst wia da Ju-ni-schnee, ganz un-ver-hofft bist da ü-bern See. A Gfühl, des hö-her als der höchs-te Fel-sen, des is

Zwischenspiel: G D A D

              D   A
2. Du kimmst in mei Lebn, schaffst an Neuanfang.
                             D
    In Deine Augn han i gsegn: Wir kennan uns scho lang.
                    A
    Von alln, was i erlebt, was ma so passiert,
                        D
    war da selten was, was i so tiaf drinn gspürt.

                G   D   A
Ref: Kimmst wia da Junischnee, kimmst über d'Nacht...

Zwischenspiel: D A A D D

                G   D   A
Ref: Kimmst wia da Junischnee, kimmst über d'Nacht...

Originaltonart: A Dur   siehe Transponiertabelle

NOMADI D'AMORE

Musik: Claudio Guidetti & Eros Ramazzotti   Text: Eros Ramazzotti & Adelio Cogliati   © 2003 by Viameda Edizioni Musicali SRL / EMI Music Publishing Italia SRL   Rechte für Deutschland, Österreich, Schweiz und Osteuropa (außer Baltikum): EMI Music Publishing Germany GmbH & Co. KG

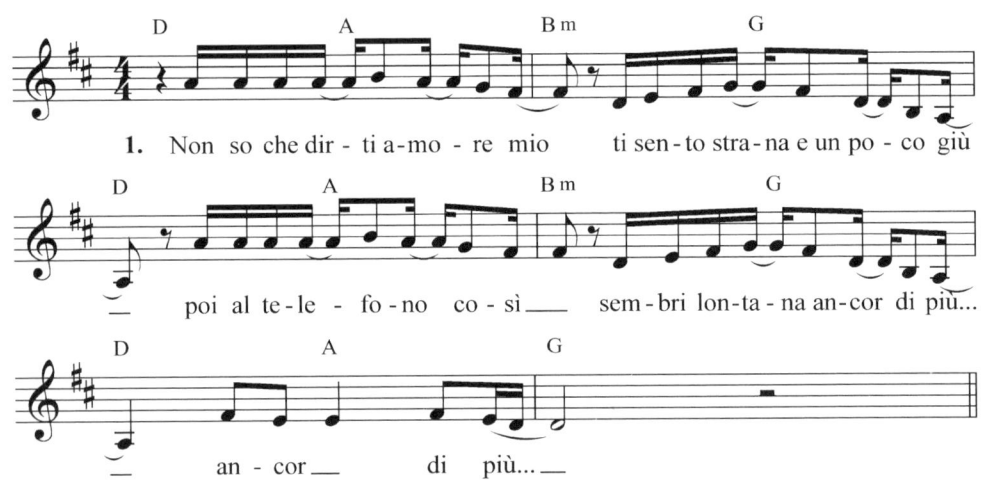

```
         D           A     Bm      G           D         A        Bm
2.  Non so che dirti adesso io se chiedi di star sola un po' come vuoi tu ma in cuore mio mi sa
              G         D        A      Bm       G        Em    Fis
    che non ti rivedrò a questo punto non lo so non so che dirti più di quello che che tu già sai.

       Bm             D   G      B7     Em G A
Ref: Noi che siamo nomadi d'amore viaggiatori esperti di foschie non staremo mai qui fermi ad
     G  D G           D        A  Fis Bm                D
    aspetare ma seguiamo il vento, le sue scie noi che abbiamo sempre in mente un'oasi
     G        B7       Em G A                    D     G    D    A
    e una notte da passare là      siamo quelli che non cambieranno mai questa è la verità.

         Bm D G B7 Em G A                   G     D    Em  A     D  G
Schluss:                 Noi che abbiamo sempre in mente un'oasi ogni altro posto tu già sai
              Bm    A    D A Bm  G      D
    non ci può bastare mai...       già sai.
```

LA CAMISA NEGRA

Musik & Originaltext: Juan Esteban Aristizabal   © Copyright 2004 by Peermusic III Ltd./Songs of Camaleon Inc.
Für Deutschland: Peermusic (Germany) GmbH

1. Ten-go la ca-mi-sa ne-gra hoy mi a-mor es-ta de lu-to. Hoy ten-go en el al-ma u-na pe-na y es por cul-pa de tu em-bru-jo. Hoy sé que tú ya no me quie-res y e-so es lo que más me hie-re. Que ten-go la ca-mi-sa ne-gra y u-na pe-na que me due-le. Mal pa-re-ce que so-lo me que-dé y fue pu-ra to-di-ta tu men-ti-ra que mal-di-ta ma-la suer-te la mí-a que a-quel dí-a te en-con-tré. **Ref:** Por be-ber del ve-ne-no mal-e-vo de tu a-mor yo que-dé mo-ri-bun-do y lle-no de do-lor. Res-pi-

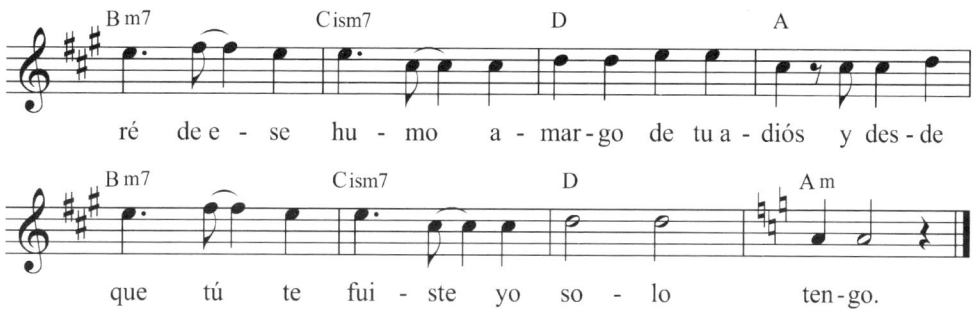

...ré de e-se hu-mo a-mar-go de tu a-diós y des-de que tú te fui-ste yo so-lo ten-go.

```
         Am          E7                  Am
Br: Tengo la camisa negra porque negra tengo el alma,
                    Dm          E7          Am
    yo por ti perdi la calma y casi pierdo hasta mi cama.
                    Dm              Am
    Cama, cama, come on baby te digo con disimulo,
                    Dm          E7      Am
    que tengo la camisa negra y debajo tengo el difunto.

         Am          E7                  Am
2.  Tengo la camisa negra ya tu amor no me interesa,
                    Dm          E7
    lo que ayer me supo a gloria hoy me sabe a pura.
         Am                      E7                  Am
    Miércoles por la tarde y tú que no llegas nisiquiera muestras señas,
                    Dm          E7      Am
    y yo con la camisa negra y tus maletas en la puerta.
                        E7              Am
    Mal parece que solo me quedé y fue pura todita tu mentira,
                    Dm          E7      A
    que maldita mala suerte la mía  que aquel día te encontré.

         Bm     Cism7
Ref: Por beber del veneno...

         Am          E7
Br: Tengo la camisa negra...
```

Dieser Song von Juanes wird im Original in Fis-Moll,
also drei Halbtöne tiefer gespielt

OLDIES

OLDIES

ANNIE'S SONG

Musik & Text: John Denver   © Dimensional Music of 1091
Rechte für D/A/CH: Cherry Lane Germany GmbH, Berlin

```
      Dsus4       G  A  Bm       G         D    Dsus4 D
2.   Come let me love you,   let me give my life to you,
           Dsus4     G   Fism Em     G       A   Asus4 A
     let me drown in your laughter,    let me die in your arms.
              Asus4    G  A  Bm      G         D    Dsus4 D
     Let me lay down beside you,    let me always be with you,
     Dsus4     G   Fism Em      A7     D    Dsus4 D
     come let me love you,    come love me again.

3.   wie 1. Strophe
```

A HARD DAY'S NIGHT

Words & Music by John Lennon & Paul McCartney   © Copyright 1964 Northern Songs.
Used by permission of Music Sales Limited.   All Rights Reserved.   International Copyright Secured.

```
              C    F   C                Bb
1. It's been a hard day's night ___ and I've been work-ing like a

C                              F         C
dog. ___        It's been a hard day's night, ___ I should be

Bb            C                    F
sleep-ing like a log. ___ But when I get home to you I find the

G7                        C       F7        C
things that you do ___ will make me feel al ___ right. -
```

                        C   F C   Bb   C
2.   You know I work all day to get you money to buy you things.
                        C   F   C   Bb   C
      And it's worth it just to hear you say you're gonna give me ev'rything.
                  F   G7
      So why on earth should I moan, 'cause when I get you alone
                        C   F7 C
      you know I feel o---kay.

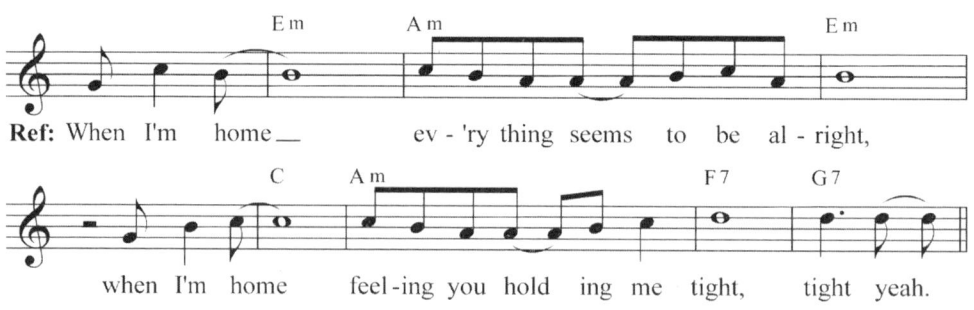

```
            Em            Am                       Em
Ref: When I'm home ___ ev-'ry thing seems to be al-right,

            C             Am                F7      G7
     when I'm home feel-ing you hold ing me tight, tight yeah.
```

3. wie erste Strophe

4. halbe Strophe Gitarrensolo, dann
               F   G7
So why on earth should I moan, 'cause when I get you alone
             C   F7 C
you know I feel o---kay.

          Em
Ref: When I'm home...

5. wie erste Strophe

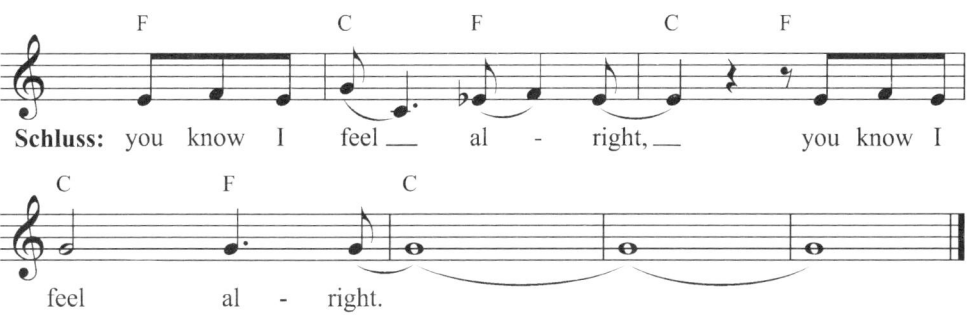

HAVE YOU EVER SEEN THE RAIN

Text & Musik: Fogerty, J.C.   © by Prestige Music, Wyndham Place, London

```
       G
2.   Yesterday and days before, sun is cold and rain is hard,
            D                 G
     I know, been that way for all my time.
     G
     'Til forever on it goes, through the circle fast and slow.
            D              G
     I know, it can't stop, I wonder.


        C      D         G    G/Fis    Em
Ref: I want to know, have you ever seen the rain... 2x
```

BAD, BAD LEROY BROWN

Words & Music by Jim Croce   © Copyright 1972,1973 & 1976 Dennis Music Company Incorporated USA.
Sony/ATV Music Publishing (UK).   Used by permission of Music Sales Limited.
All Rights Reserved.   International Copyright Secured.

```
            G                      A7
2.  Now Leroy he a gambler and he like his fancy clothes.
          B7          C                    D7        G
    And he like to wave his diamond rings in front of ev'rybody's nose.
            G                    A7
    He got a custom Continental, ge got an Eldorado too;
          B7          C                    D7        G
    He got a thirty-two gun in his pocket for fun, he got a razor in his shoe.

              G
Ref: And he's bad, bad Leroy Brown...


            G                  A7
3.  Well, Friday 'bout a week ago, Leroy shootin' dice.
          B7          C                    D7              G
    And at the edge of the bar sat a girl name of Doris and oh, that girl looked nice.
            G                    A7
    Well, he cast his eyes upon her, and the trouble soon began,
          B7          C                          D7              G
    and Leroy Brown, he learned a lesson 'bout messin' with the wife of a jealous man.

              G
Ref: And he's bad, bad Leroy Brown...


                G                        A7
4.  Well, the two men took to fightin', and when they pulled them from the floor
    B7          C              D7        G
    Leroy looked like a jigsaw puzzle with a couple of pieces gone.


              G                  A7
Ref: And he's bad, bad Leroy Brown, the baddest man in the whole damned town;
       B7          C    D          C        G
       badder than old King Kong and meaner than a junkyard dog.
                B7           C      D          C        G
       Yes, you were badder than old King Kong and meaner than a junkyard dog.
```

BEFORE YOU ACCUSE ME

Words & Music by Ellas McDaniel   © Copyright 1957 EMI Longitude Music, USA/Figure Music Incorporated.
EMI Music Publishing (WP) Limited.   Used by permission of Music Sales Limited.
All Rights Reserved.   International Copyright Secured.

go. ___ Well, your ma-ma said: "Son, don't call my daugh-ter no more."

     E7   A7
Ref: Before you accuse me...

   E7   A7   E7
2. Come on back home, baby, try my love one more time.
  A7   E7
Come on back home, baby, try my love one more time.
    B7   A7
You know if things don't go to suit you,
      E7 B7
I think I'll lose my mind.

     E7   A7
Ref: Before you accuse me...

In einem Augenblick gewährt die Liebe,
was Mühe kaum in langer Zeit erreicht.

Johann Wolfgang von Goethe

LAYLA

Words and Music by Eric Clapton and Jim Gordon
© 1970 Throat Music Ltd, London W6 8BS
Reproduced by permission of Faber Music Ltd   All Rights Reserved

```
          Cism7              Gis7 Cism7   C      D      E   E7
2.    Tried to give you consolation, your old man had let you down.
      Fism7  B    E          A    Fism7       B              E
      Like a fool, I fell in love with you. You turned my whole world upside down.


          A   D5 Bb C5       D5
Ref: Layla,     got me on my knees...


          Cism7              Gis7 Cism7   C      D      E   E7
3.    Make the best of the situation, before I finally go insane.
      Fism7   B    E         A    Fism7    B              E
      Please don't say we'll never find a way. Tell me all my love's in vain.


          A   D5 Bb C5       D5
Ref: Layla,     got me on my knees...        Ref wdh
```

Die Akkorde mit der 5 werden oft auch als Power Chord bezeichnet. Es handelt sich hierbei um Akkorde, die nur aus Grundton und Quinte bestehen. Die Terz wird weggelassen.

LAY DOWN SALLY

Words and Music: by Eric Clapton, Marcy Levy and George Terry © 1977 E. C. Music Ltd. and Throat Music Ltd (66.66%) Throat Music Ltd, London W6 8BS   Reproduced by permission of Faber Music Ltd   All Rights Reserved
© Copyright 1977 & 1999 Eric Clapton (33,33%)/Warner/Chappell Music Limited (66,67%).
Used by permission of Music Sales Limited.   All Rights Reserved.   International Copyright Secured

        A   D
2. The sun ain't nearly on the rise and we still got the moon and stars above.
    A   D
Underneath the velvet skies, love is all that matters; won't you stay with me?
          E
And don't you ever leave.

    A   D
Ref: Lay down Sally and rest here in my arms...

     A   D
3. I long to see the morning light coloring your face so dreamily.
      A   D
So don't you go and say goodbye; you can lay your worries down and stay with me.
           E
And don't you ever leave.

    A   D
Ref: Lay down Sally and rest here in my arms...

THE FIRST CUT IS THE DEEPEST

Words & Music by Cat Stevens © Copyright 1967 Salafa Limited.
Sony Music Publishing (UK) Limited. Used by permission of Music Sales Limited.
All Rights Reserved. International Copyright Secured.

2. Yes I want you by my side,
      C   F   G
just to help me dry the tears that I cry,
      C   G   F   G
and I'm sure gonna give you a try
               C   G F
'cause if you want I'll try to love again,
 G   C   F   G
baby, I'll try to love again but I know:

  C   G   F
Ref: The first cut is the deepest...

Solo wie Refrain, dann 2. Strophe und Refrain wiederholen.

Hier haben wir euch die Sheryl Crow Version dieses großen Hits aufgeschrieben, der im Original von Cat Stevens stammt. Kapo 2. Bund

MOON SHADOW

Words & Music bay Cat Stevens   © Copyright 1971 Cat Music Limited.
EMI Music Publishing Limited.   Used by permission of Music Sales Limited.
All Rights Reserved.   International Copyright Secured.

```
       G     D    G      D G     D Em    A7
And if I ever lose my eyes, if my colour all runs dry,
       G     D    G     D    Em A7 D Fism Bm Em    A    D
yes if I ever lose my eyes, oh, if              I won't have to cry no more.

       D                  A7  D
Ref: Oh, Im bein' followed by a moon shadow...
```

       G D   G   D G   D   Em   A7
2. And if I ever lose my legs, I won't moan and I won't beg.
     G D   G   D   Em A7 D Fism Bm Em   A   D
Oh, if I ever lose my legs, oh, if   I won't have to walk no more.
       G D   G   D G   D   Em   A7
And if I ever lose my mouth, all my teeth, north and south.
     G D   G   D   Em A7 D Fism Bm Em   A   D
Yes, if I ever lose my mouth, oh, if   I won't have to talk.

Bridge: Did it take long to find ___ me? I asked the faith-ful light. ___
Did it take long to find me ___ and are you gonna stay the night. ___

      D   A7   D   G   A7   D
Ref: Oh, I'm bein' followed by a moon shadow, moon shadow, moon shadow.
    G   A7   D   G   A7   D
Moon shadow, moon shadow, moon shadow, moon shadow.

SAD LISA

Words & Music by Cat Stevens   © Copyright 1970 Salafa Limited.
EMI Music Publishing Limited.   Used by permission of Music Sales Limited.
All Rights Reserved.   International Copyright Secured.

```
       Em                    D C D       Em       D G
2. Her eyes like windows, tricklin' rain upon her pain getting deeper,
                      D     Em  A
   though my love wants to relieve her.
   Em      A     D     C D      Em       D G
   She walks alone from wall to wall, lost in a hall, she can't hear me,
                      D     Em  A
   though I know she likes to be near me.


       Em     A   B7     Em
Ref: Lisa, Lisa, sad Lisa, Lisa.


       Em                 D C    D      Em      D G
3. She sits in a corner by the door.   There must be more I can tell her.
                      D     Em  A
   If she really wants me to help her.
   Em      A      D      C    D         Em      D G
   I'll do what I can to show her the way. And maybe one day I will free her,
                      D     Em  A
   though I know no one can see her.


       Em     A   B7     Em
Ref: Lisa, Lisa, sad Lisa, Lisa.
```

Das kurze Zwischenspiel nach dem ersten Refrain wird auch als Vorspiel und nach jedem weiteren Refrain verwendet. Originaltonart, gut zum Mitspielen mit der CD geeignet!

AN ENGLISHMAN IN NEW YORK

Words & Music by Sting © Copyright 1987 Magnetic Publishing Limited/EMI Music Publishing Limited.
Used by permission of Music Sales Limited. All Rights Reserved. International Copyright Secured.

```
       Em              A            Bm   A Em            A           Bm A
2.     If "manners maketh man" as someone said   he's the hero of the day.
       Em              A            Bm           A        Em    A         Bm A
       It takes a man to suffer ignorance and smile, be yourself no matter what they say.     Ref:
```

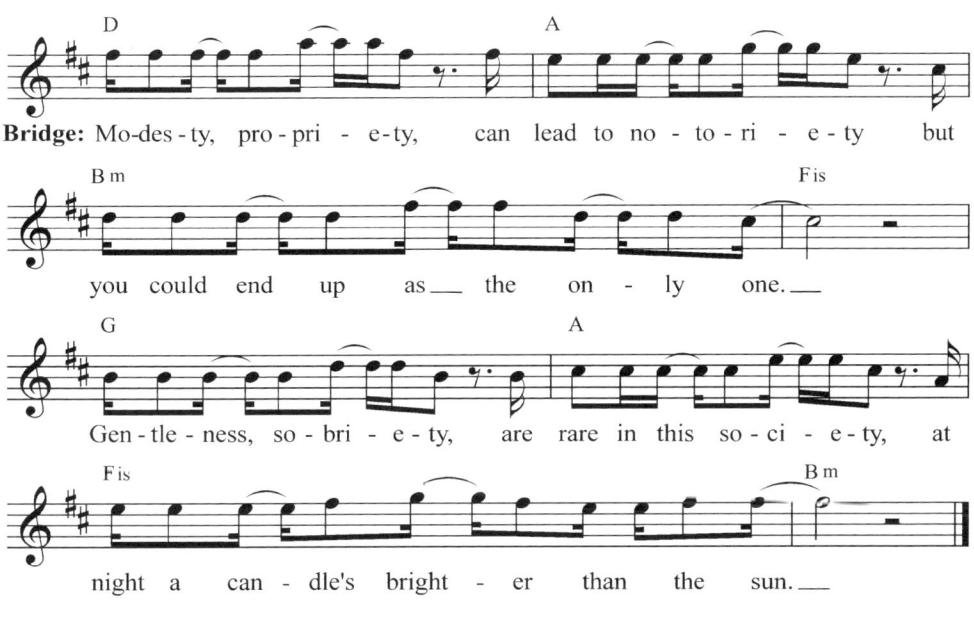

```
       Em              A            Bm   A Em            A           Bm A
3.     Takes more than combat gear to make a man,   takes more than a licence for a gun.
       Em              A            Bm           A  Em           A           Bm
       Confront your enemies, avoid them when you can, a gentleman will walk but never run.

       Em              A            Bm   A Em            A           Bm A
4.     If "manners maketh man" as someone said   he's the hero of the day.
       Em              A            Bm                   Em     A          Bm
       It takes a man to suffer ignorance and smile, be yourself no matter what they say.
              Em       A            Bm          Em     A          Bm
       Be yourself no matter what they say, be yourself no matter what they say...
```

DOWN UNDER

Musik & Text: Colin Hay & Ron Strykert   © 1982 by EMI Songs Australia PTY LTD
Rechte für Deutschland, Österreich, Schweiz und Osteuropa (außer Baltikum): EMI Songs Musikverlag GmbH & Co.KG

```
       Bm            A           Bm G  A
2.    Buying bread from a man in Brussels.    He was
       Bm      A           Bm     G    A
       six foot four and full of muscles.
       Bm            A           Bm    G   A
       I said: "Do you speak my language?"
       Bm             A              Bm      G   A
       He just smiled and gave me a vegemite sandwich. He said:


       D            A          Bm G  A
Ref: "I come from a land down under.
       D            A             Bm G  A
       Where beer does flow and men chunder.
       D            A              Bm G  A
       Can't you hear, can't you hear the thunder?
       D            A             Bm G  A
       You better run, you better take cover."


       Bm         A         Bm G  A
3.    Lying in a den in Bombay.
       Bm        A             Bm  G   A
       With a slack jaw and not much to say.
       Bm          A                 Bm       G    A
       I said to the man: "Are you trying to tempt me
       Bm              A              Bm G     A
       because I come from the land of plenty?" And he said: "Oh!


       D             A           Bm G  A
Ref: Do you come from a land down under...
```

CUTS LIKE A KNIFE

Words & Music by Bryan Adams & Jim Vallance
© Copyright 1982 Irving Music Incorporated/Adams Communications Incorporated/Calypso Toonz.
Rondor Music (London) Limited.   Used by permission of Music Sales Limited.
All Rights Reserved.   International Copyright Secured.

3. **There's times I've been mistaken,**
   there's times I thought I'd been misunderstood.
   So wait a minute darlin'. Can't you see we did the best we could?

Br2: This wouldn't be the first time things have gone astray.
   Now you've thrown it all away.

Ref: And it cuts like a knife...
   Na na na na na na na na na na.   Na na na na na na na na na na.

Br.1 und Ref. wiederholen, dann Na na na beliebig oft

GIVE A LITTLE BIT

Words & Music by Rick Davies & Roger Hodgson
© Copyright 1977 Almo Music Corporation/Delicate Music, USA.
Rondor Music (London) Limited.   Used by permission of Music Sales Limited.
All Rights Reserved.   International Copyright Secured.

```
      D         A D              G   A   G A G
3.   Give a little bit,   give a little bit of your love to me.
      D             A D              G     A   G A G
     I'll give a little bit,   I'll give a little bit of my life for you.
     Bm                       Esus4  E
     Now's the time that we need to share so
```

I WILL SURVIVE

Words & Music by Dino Fekaris & Freddie Perren
© Copyright 1978 Perren-Vibes Music Company/PolyGram International Publishing Incorporated, USA.
Universal Music Publishing Limited.   Used by permission of Music Sales Limited.
All Rights Reserved.   International Copyright Secured.

Am   Dm   G   C
go, walk out the door, just turn around now 'cause you're not welcome anymore.
F   Bm
  Weren't you the one who tried to hurt me with goodbye,
            E
  did I crumble, did you think I'd lay down and die? Oh no, not

    Am   Dm   G
    I, **Ref:** I will sur-vive,___   oh,__ as long as I know how to love I
    C   F
    know I'll stay a-live;   I've got all my love to live,   I've got
    Bm   E
    all my love to give and I'll sur-vive,__   I will sur-vive.   Hey, hey

Am Dm G C F Bm E
instrumental   It took

Am   Dm   G
all the strenght I had not to fall apart, kept tryin' hard to mend the pieces of my
C   F   Bm   E
broken heart, and I spent oh so many nights just feelin' sorry for myself, I used to cry
                                          Am   Dm
but now I hold my head up high and you see from outer space, I just walked
G   C   F
in to find you here with that sad look upon your face. I should have changed
                          Bm   E
that stupid look, I should have made you leave the key if I'd have known
                                              Am   Dm
for just one second you'd be back to bother me. Go on now, go, walk out the door,
             G   C
just turn around now 'cause you're not welcome anymore.
F   Bm   E
Weren't you the one who tried to hurt me with goodbye, did I crumble,
                                   Am   Dm
did you think I'd lay down and die? Oh no, not I.   Ref: I will survive...

HEAD OVER FEET

Words by Alanis Morissette   Music by Alanis Morissette & Glen Ballard
© Copyright 1995 Music Corporation Of America Incorporated/Vanhurst PlaceMusic/MCA
Music Publishing/Aerostation Corporation, USA.   Universal/MCA Music Limited.
Used by permission of Music Sales Limited.   All Rights Reserved. International Copyright Secured.

```
    G       A          F        C           G
all that you are.   I could-n't help it,____  it's all your fault.
```

```
          C    G    Am  F              C    G        Am
2.   Your love is thick and it swallowed me whole. You're so much braver
       F              C    G      Am   F
     than I give you credit for. That's not lip service.
```

```
                    D      Bm
Ref: You've already won me over...
```

```
          C    G    Am  F              C    G        Am
3.   You are the bearer of unconditional things. You held your breath
       F              C    G      Am   F
     and the door for me. Thanks for your patience.
```

Ref: Instrumental

```
          C    G    Am  F              C    G        Am
4.   You're the best list'ner that I've ever met. You're my best friend,
       F              C    G      Am   F
     best friend with benefits. What took me so long?
```

```
          C    G    Am  F           C  G      Am
5.   I've never felt this healthy before. I never wanted
       F           C  G      Am  F C G    Am    F
     something rational, I am aware now, ah. I am aware now.
```

```
                    D      Bm
Ref: You've already won me over...
```

INTO THE GREAT WIDE OPEN

Words and Music by Tom Petty and Jeff Lynne © 1991 Gone Gator Music and Polygon Songs, USA
(70%) Warner/Chappell North America Ltd, London W6 8BS   Reproduced by permission of Faber Music Ltd and International
Music Publications Ltd (a trading name of Faber Music Ltd)   All Rights Reserved (30%) EMI Music Publishing Ltd, London WC2H 0QY
© 1991 by EMI April Music Inc. / Gone Gator Music Rechte für Deutschland, Österreich, Schweiz & Osteuropa (außer Baltikum):
EMI Songs Musikverlag GmbH & Co. KG

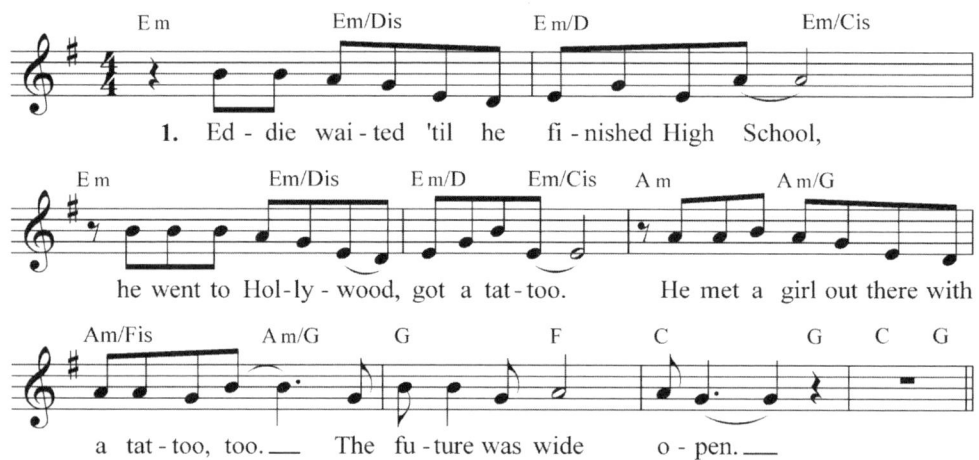

2. They moved into a place they both could afford,
   he found a nightclub he could work at the door.
   She had a guitar and she taught him some chords. The sky was the limit.

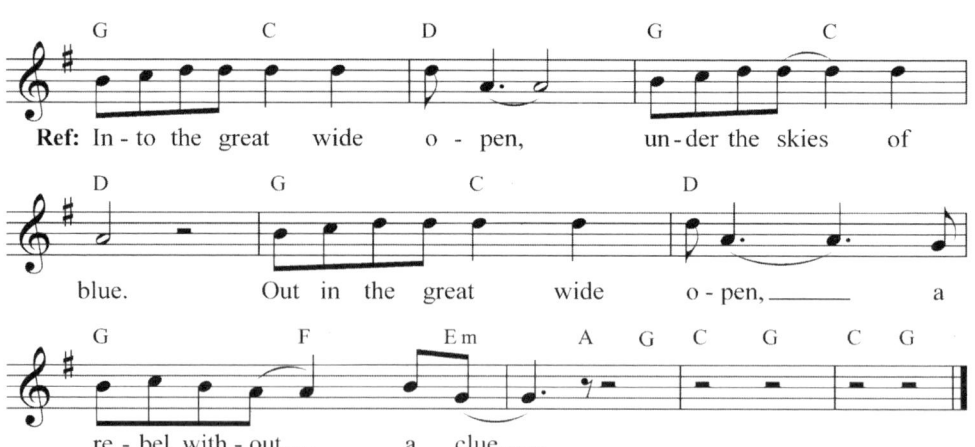

Zwischenspiel: Em Em/Dis Em/ D Em/Cis   2x

```
   Em         Em/Dis      Em/ D          Em/Cis
3. The papers said Ed always played from the heart,
   Em         Em/Dis      Em/ D         Em/Cis
   he got an agent and a roadie named Bart.
   Am          Am/G         Am/ Fis     Am/G        G    F      C    G C G
   They made a record and it went in the charts. The sky was the limit.


   Em         Em/Dis    Em/ D         Em/Cis
4. His leather jacket had chains that would jingle.
   Em           Em/Dis       Em/ D         Em/Cis
   They both met movie stars, partied and mingled.
   Am         Am/G          Am/Fis        Am/G        G         F     C    G C G C G D
   Their A and R man said: " I don't hear a single." The future was wide open.


        G         C        D
Ref: Into the great wide open...
```

IT NEVER RAINS IN SOUTHERN CALIFORNIA

Words & Music by Albert Hammond & Mike Hazelwood
© Copyright 1972, 1973 Landers-Roberts Music Incorporated/April Music Incorporated, USA.
Rondor Music (London) Limited.   Used by permission of Music Sales Limited.
All Rights Reserved.   International Copyright Secured.

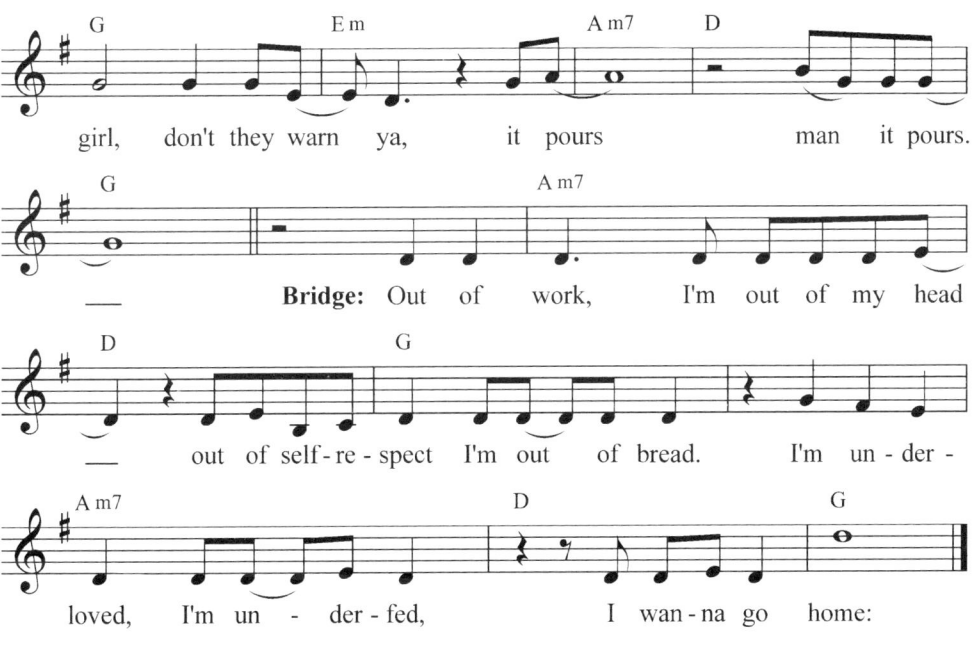

```
              Am7       D       G           Em      Am7 D     G
Ref: It never rains in California but girl, don't they warn ya, it pours man it pours.


              Am7          D        G
2.  Will you tell the folks back home I nearly made it
        Am7         D        G
    had offers but don't know which one to take.
              Am7         D       G
    Please don't tell them how you found me. Don't tell them
              Em        Am7  D      G
    how you found me. Give me a break, give me a break.


              Am7         D       G
Ref: Seems it never rains in Southern California...
```

ONE OF US

Text & Musik: Eric Bazilian ©1996 by Human Boy Music - für D/A/CH by Edition Intro Meisel GmbH

2. If God had a face what would it look like and would you want to see,
if seeing meant that you would have to believe
in things like heaven and in Jesus and the Saints and all His Prophets.

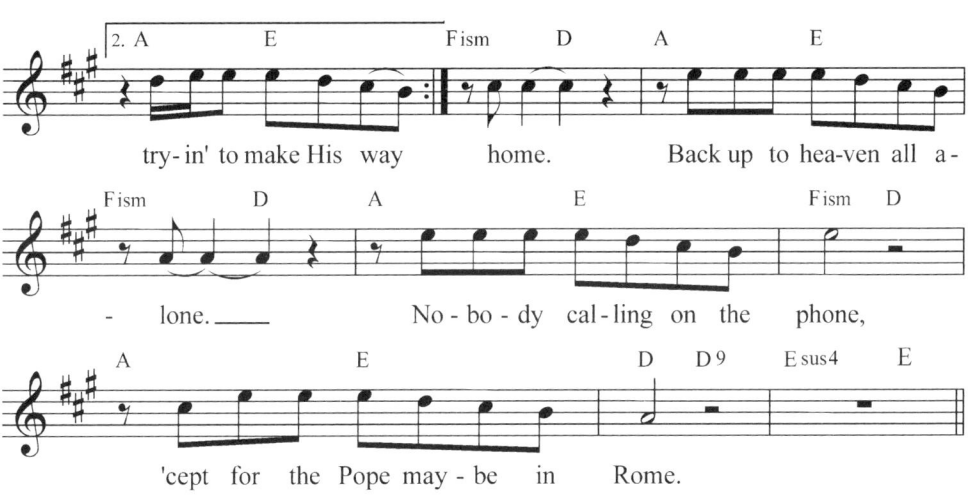
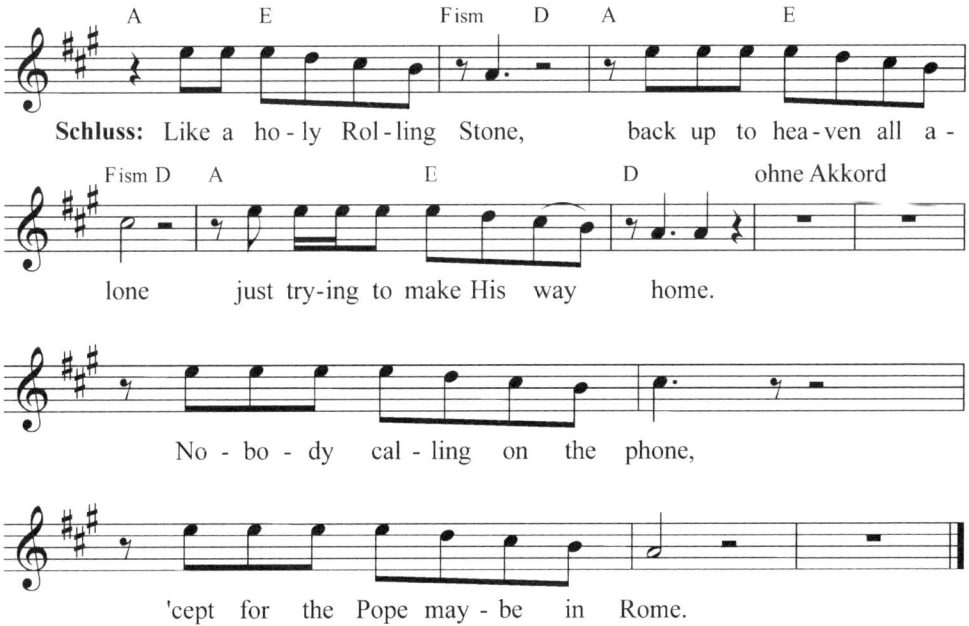

STREETS OF LONDON

Text & Musik: Ralph McTell   © Westminster Music Ltd.
Rechte für Deutschland, Österreich, Schweiz und Osteuropa: ESSEX MUSIKVERTRIEB GMBH, HAMBURG

```
      C            G     Am         E7
2. In the all night café at a quarter past eleven,
      F      C         Dm        G7
   same old man sitting there on his own.
      C           G           Am         E7
   Looking at the world over the rim of his tea cup,
       F            C         G7         C    C7
   and each tea lasts an hour and he wanders home alone.

         F          E7
Ref: So how can you tell me...

         C            G        Am             E7
3. Have you seen the old girl who walks through the streets of London,
      F      C         Dm      G7
   dirt in her hair and her clothes in rags?
      C           G        Am              E7
   She's no time for talkin' she just keeps right on walkin',
       F          C         G7    C   C7
   carryin' her home in two carrier bags.

         F          E7
Ref: So how can you tell me...

         C         G       Am            E7
4. Have you seen the old man outside the seaman's mission,
      F      C          Dm              G7
   memory fading with the medal ribbons that he wears?
      C           G       Am        E7
   And in our winter city the rain cries a little pity,
       F            C        G7         C    C7
   for one more forgotten hero and a world that doesn't care.

         F          E7
Ref: So how can you tell me...
```

TALKIN' ABOUT A REVOLUTION

Musik & Text: Tracy Chapman
© 1988 by EMI April Music Inc. / Purple Rabbit Music
Rechte für Deutschland, Österreich, Schweiz & Osteuropa (außer Baltikum): EMI Songs Musikverlag GmbH & Co. KG

	G	C	Em D	G	C	Em	D
standing in the welfare lines, crying at the doorsteps of those armies of salvation,							
	G	C	Em	D	G	C Em	D
wasting time in the unemployment lines, sitting around waiting for a promotion.							
	G	C	Em	D G	C	Em	D
Don't you know they're talkin' about a revolution, it sounds like a whisper.							
	G C	Em	D	G C		Em	D
And finally the tables are starting to turn, talking' 'bout a revolution.							
	G C	Em	D	G (C		Em D	G)
Yes finally the tables are starting to turn, (talkin' 'bout a revolution, oh no.) wdh							

BABY CAN I HOLD YOU

Musik & Text: Tracy Chapman   © 1988 by EMI April Music Inc. / Purple Rabbit Music
Rechte für Deutschland, Österreich, Schweiz & Osteuropa (außer Baltikum): EMI Songs Musikverlag GmbH & Co. KG

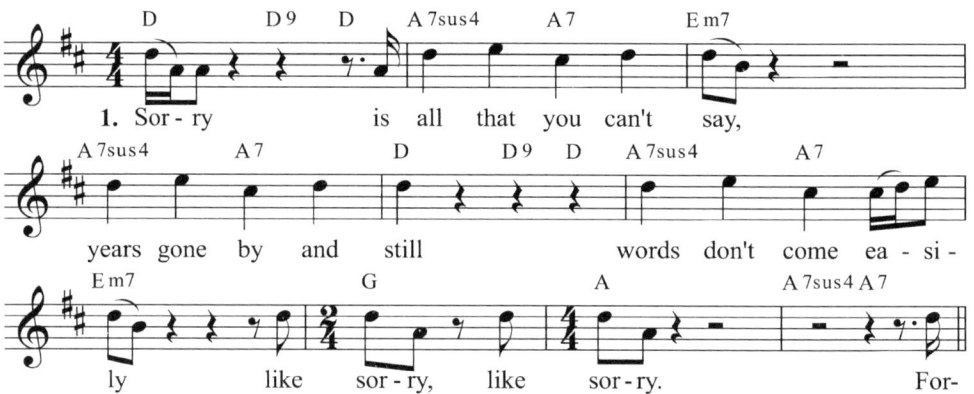

```
       D D9 D  A7sus4  A7      Em7 A7sus4  A7      D D9 D
2. Forgive me is all that you can't say, years gone by and still
       A7sus4    A7      Em7      G         A
   words don't come easily, like forgive me, forgive me.
```

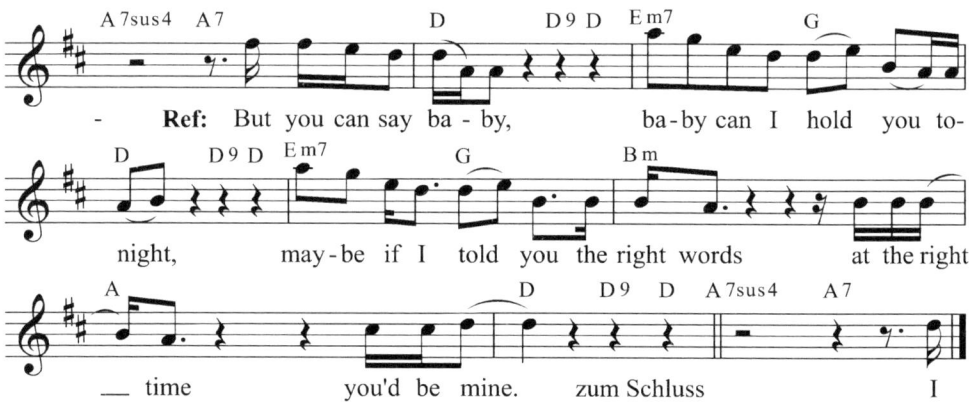

```
       D D9 D  A7sus4  A7      Em7 A7sus4  A7      D D9 D
3. I love you is all that you can't say, years gone by and still
       A7sus4    A7      Em7      G         A    A7sus4 A7        D
   words don't come easily, like I love you, I love you.    Ref: But you can say baby...

            Em7        G        D D9 D  Em7      G              Bm
Schluss: Baby can I hold you tonight,     maybe if I told you the right words
              A              D D9 D  Em7  G            D D9 D
   at the right time, you'd be mine.   (        You'd be mine. ) 3x
```

AUTUMN LEAVES (LES FEUILLES MORTES)

Musik: Joseph Kosma   Originaltext: Jacques Prévert   Engl. Text: Johnny Mercer
© Copyright 1947 by Enoch & Cie. Editeurs, Paris   Für Deutschland: Edition Marbot GmbH, Hamburg

Die Jazz-Fans mögen uns die Vereinfachung dieses großen Standards verzeihen.

SUZANNE

Words and Music by Leonard Cohen   © 1958 Stranger Music Inc, USA
Warner/Chappell Music Ltd, London W6 8BS Reproduced by permission of Faber Music Ltd.
All Rights Reserved

with her, and you want to tra - vel blind, and you know she will trust

— you for you've touched her per - fect bo - dy with your mind.

        E   Fism
2. And Jesus was a sailor when he walked upon the water and he spent a long time
                                       E
  watching from his lonely wooden tower. And when he knew for certain only drowning
                              Gism   A
  men could see him. He said:"All men will be sailors then until the sea shall free them."
     E   Fism   E
  But he himself was broken long before the sky would open. Forsaken almost human,
    Fism   E   Gism
  he sank beneath your wisdom like a stone. And you want to travel with him and you
  A   E   Fism
  want to travel blind. And you think maybe you'll trust him for he's touched your perfect
             E
  body with his mind.

        E   Fism
3. Now Suzanne takes your hand and she leads you to the river, she is wearing rags an
                                  E
  feathers from Salvation Army counters. And the sun pours down like honey on our lady
                       Gism   A
  of the harbour, and she shows you where to look among the garbage and the flowers.
        E   Fism   E
  There are heroes in the seaweed, there are children in the morning, they are leaning out
                  Fism   E
  for love and they will lean that way forever, while Suzanne holds the mirror. And you
  Gism   A   E
  want to travel with her and you want to travel blind. And you know you can trust her for
        Fism   E
  she's touched your perfect body with her mind.

YOU'VE GOT A FRIEND

Musik & Text: Carole King   © 1971 by Screen Gems-EMI Music Inc.
Rechte für Deutschland, Österreich, Schweiz & Osteuropa (außer Baltikum): EMI Songs Musikverlag GmbH & Co. KG

                Am   E7   Am   E7   Am
2. If the sky above you grows dark and full of clouds
                  Dm7   G7   C   Dm7   C
    and that old North wind begins to blow,
        E   E7   Am   E7   Am
    keep your head together and call my name out loud;
   Dm7   Em   Dm7   Dm7/G
    soon you'll hear me knockin' at your door.

                C   Cmaj7
Ref: You just call out my name...

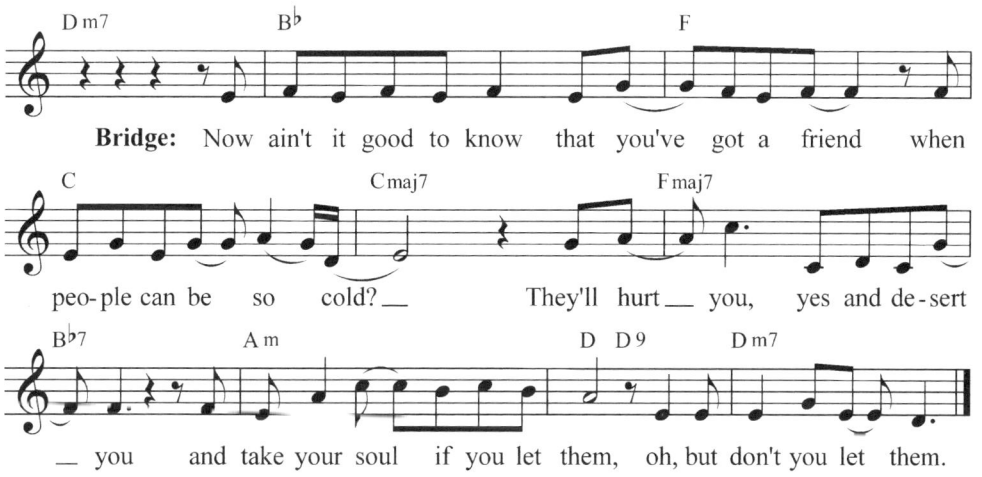

    Dm7/G   C   Cmaj7
Ref: You just call out my name...

TAKE IT EASY

Text u. Musik: Jackson Browne/Glenn Frey   © by Swallow Turn Music   MELODIE DER WELT, J. Michel KG, Musikverlag, Frankfurt/Main, für Deutschland, Österreich, Schweiz und osteurop. Länder   Abdruck erfolgt mit freundlicher Genehmigung von MELODIE DER WELT, J. Michel KG, Musikverlag, Frankfurt/Main.

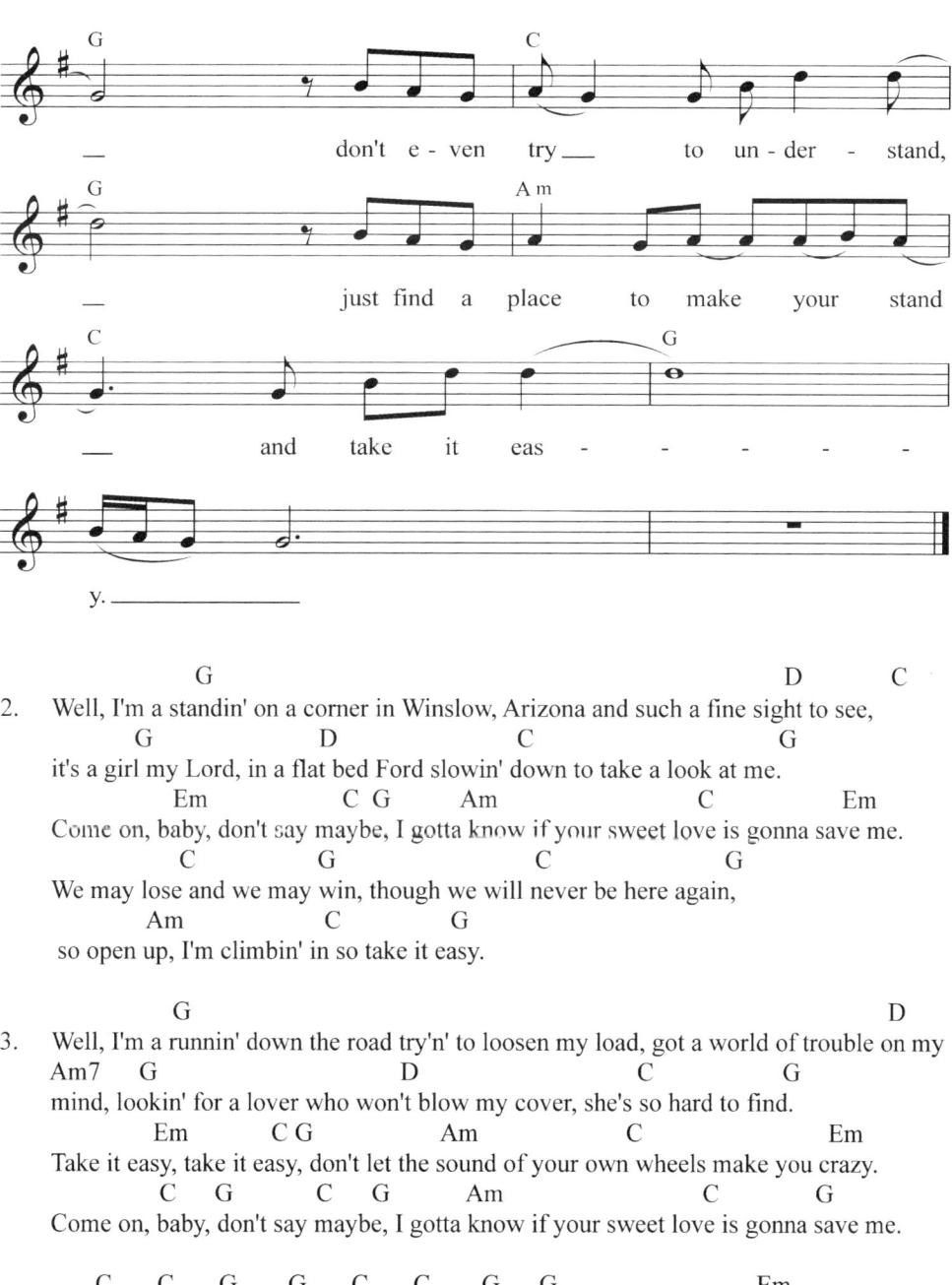

```
            G                                                  D        C
2. Well, I'm a standin' on a corner in Winslow, Arizona and such a fine sight to see,
         G         D         C                G
   it's a girl my Lord, in a flat bed Ford slowin' down to take a look at me.
              Em          C G      Am           C           Em
   Come on, baby, don't say maybe, I gotta know if your sweet love is gonna save me.
            C       G           C          G
   We may lose and we may win, though we will never be here again,
          Am         C      G
   so open up, I'm climbin' in so take it easy.

            G                                                        D
3. Well, I'm a runnin' down the road try'n' to loosen my load, got a world of trouble on my
   Am7     G              D              C            G
   mind, lookin' for a lover who won't blow my cover, she's so hard to find.
              Em       C G       Am            C            Em
   Take it easy, take it easy, don't let the sound of your own wheels make you crazy.
              C G        C G      Am           C           G
   Come on, baby, don't say maybe, I gotta know if your sweet love is gonna save me.

           C   C   G   G   C   C   G   G            Em
Schluss: Uuuh, uuuh, uuuh, uuuh, uuuh, uuuh, uuuh, uuuh...
```

ISLAND IN THE SUN

Musik & Text: Harry Belafonte & Irving Burgess (Burgie)   © 1956 by Clara Music Publishing Corp / Lord Burgess Music Publishing Co. / Cherry Lane Music Publishing Co. Inc. Rechte für D/A/CH: Cherry Lane Germany GmbH, Berlin EMI Music Publishing Germany GmbH & Co. KG, Hamburg   © Mit freundlicher Genehmigung der Cherry Lane Germany GmbH

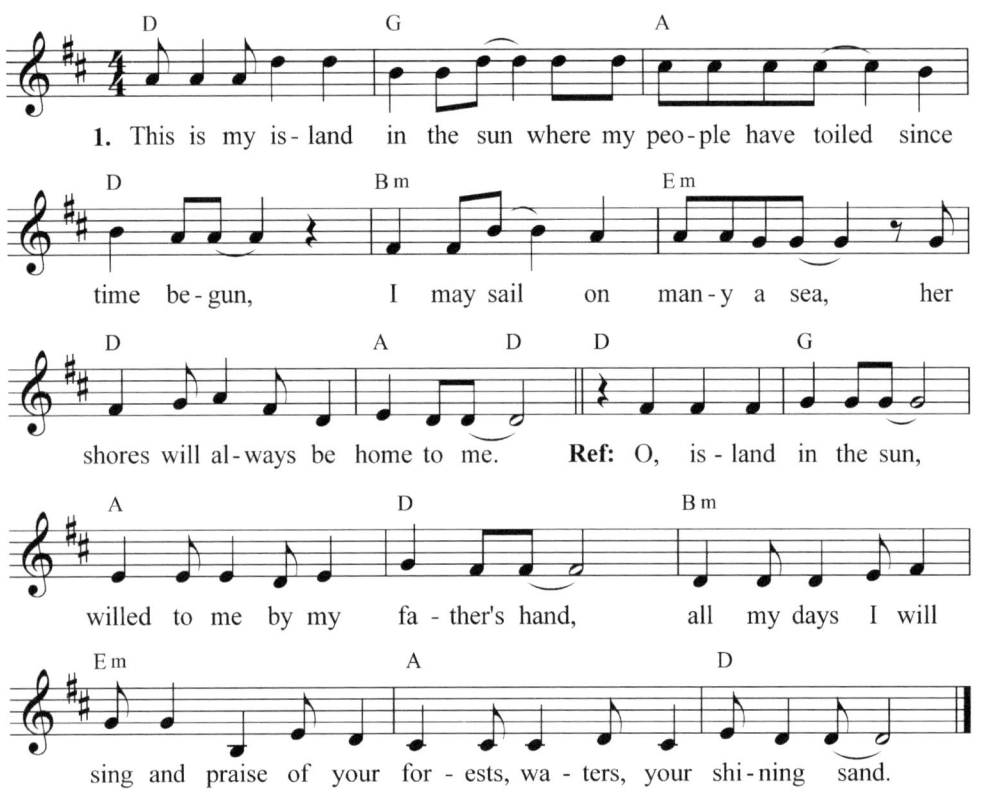

```
            D                G
   2.  As morning breaks the heav'n on high,
            A                D
       I lift my heavy load to the sky.
       Bm               Em
       Sun comes down with a burning glow
                    D                A   D
       that mingles my sweat with the earth below.

            D        G
       Ref: O, island in the sun...
```

```
       D              G
3.  I see a woman on bended knee
       A          D
    cutting cane for her family.
    Bm           Em
    I see a man at the waterside
       D          A    D
    casting nets at the surging tide.


       D     G
Ref: O, island in the sun...


       D              G
4.  I hope the day will never come
           A           D
    that I can't awake to the sound of the drum.
    Bm           Em
    Never let me miss Carnival
           D           A    D
    with Calypso songs philosophical.


       D     G
Ref: O, island in the sun...
```

FERNANDO

Words & Music by Benny Andersson, Stig Anderson & Björn Ulvaeus
© Copyright 1976 Union Songs AB, Sweden. Bocu Music Limited for Great Britain and the Republic of Ireland.
Used by permission of Music Sales Limited.   All Rights Reserved.   International Copyright Secured

1. Can you hear the drums, Fer-nan-do? I re-mem-ber, long a-go an-o-ther star-ry night like this, in the fi-re-light, Fer-nan-do,___ you were hum-ming to your-self and soft-ly strum-ming your gui-tar. I could hear the dis-tant drums and sounds of bu-gle calls were com-ing from the far.

2. They were closer now, Fernando, every hour, every minute seemed to last eternally.
I was so afraid, Fernando, we were young and full of life and none of us prepared to die
and I'm not ashamed to say the roar of guns and cannons almost made me cry.

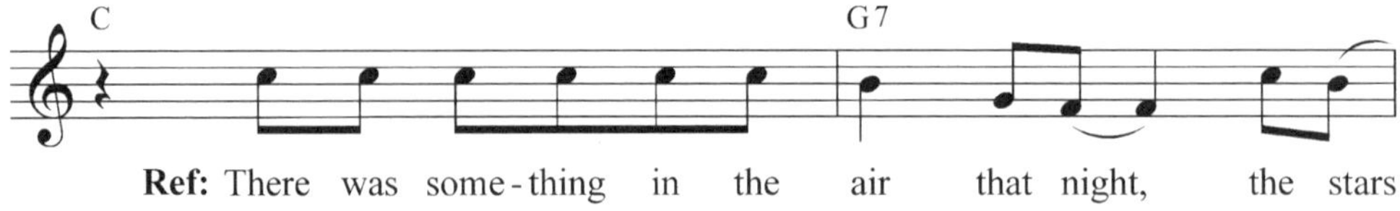

Ref: There was some-thing in the air that night, the stars

                          C   Am
3. Now we're old and grey, Fernando, since many years I haven't seen a rifle in your hand.
                          Dm
   Can you hear the drums, Fernando? Do you still recall the faithful night we crossed the
        G
   Rio Grande, I can see it in your eyes how proud you were to fight
                    C
   for freedom in this land.

                     G7
Ref: There was something in the air that night... 2x

THE JOKER

Text & Musik: Steve Miller / Ahmet Ertegun / Eddi Curtis
© 1973 by Sailor Music / Warner Tammerlane / Jim Rooster Music
für D, A, CH, Russland und Osteuropa by George Glueck Publishing GmbH

IT'S A HEARTACHE

Musik & Text: Steve Wolfe, Ronnie Scott* © by CAREERS-BMG MUSIC PUBLISHING*/ LOJO MUSIC LTD.
SVL: Musik - Edition Discoton GmbH (BMG Music Publishing Germany), München.
Alle Rechte für Deutschland, Österreich, Schweiz.
© 1977 by Lojo Music Ltd Rechte für D/A/CH: Rolf Budde Musikverlag GmbH, Berlin

```
             C                        Em
2.   Oh, it's a heartache, nothing but a heartache,
                    F                      C    G7
     hits you when it's too late, hits you when you're down.
            C                    Em
     It's a fool's game, nothing but a fool's game,
                   F              C    G
     standing in the cold rain, feeling like a clown.


            F               G
Ref: It ain't right with love to share...


             C                        Em
3.   Oh, it's a heartache, nothing but a heartache,
                    F                         C    G7
     love him till your arms break, then he'll let you down.
            C                    Em
     It's a fool's game, nothing but a fool's game,
                   F              C    G
     standing in the cold rain, feeling like a clown.


     Strophe wdh und verklingen lassen
```

THESE BOOTS ARE MADE FOR WALKING

Text & Musik: Lee Hazlewood Originalverlag: CRITERION MUSIC
Alle Rechte für Deutschland, Österreich, Schweiz bei GERMAN FRIED MUSIC beschränkt haftende KG
c/o TRANSAMERIKA Musikverlag KG

      G
2. You keep lyin' when you oughta be truthin',

you keep losin' when you oughta not bet.
C
You keep samplin' when you oughta be changin'.
        G
Now what's right is right, but you ain't been right yet.

      Bb   G
Ref: These boots are made for walkin'...

      G
3. You keep playin' where you shouldn't be playin',

you keep thinkin' that you'll never get burned.
C
I just found me a brandnew box of matches,
   G
and what he knows you ain't got time to learn.

      Bb   G
Ref: These boots are made for walkin'...

TO BE WITH YOU

Musik & Text: Eric Martin & David Grahame
© 1990 by EMI April Music Inc. / Eric Martin Songs / Dog Turner Music
Rechte für Deutschland, Österreich, Schweiz & Osteuropa (außer Baltikum): EMI Songs Musikverlag GmbH & Co. KG

      Cism   E   A   E
2. Build up your confidence, so you can be on top for once.
     Cism   E   A   E
     Wake up who cares about little boys that talk too much. I've
     A   E   A   E
     seen it all go down. Your game of love was all rained down. So
     D   B   E
     come on baby, come on over let me be the one to hold you. Ref: I'm the one...

     A   E   A   E
     When it's through it's through. Fate will twist the both of you. So
     D   B
     come on baby, come on over let me be the one to show you.

        G   C   D   G
Ref: I'm the one who wants to be with you...

       A   D   E   A
Ref: I'm the one who wants to be with you...

TIME AFTER TIME

Words and Music by Cyndi Lauper and Robert Hyman   © 1983 Rellla Music Corporation and Dub Notes, USA (50%) Warner/Chappell North America Ltd, London W6 8BS   Reproduced by permission of Faber Music Ltd. All Rights Reserved.   © 1984 Rellla Music/Dub Notes, USA.   Sony/ATV Music Publishing (UK) Limited (50%). Used by permission of Music Sales Limited.   All Rights Reserved.   International Copyright Secured.

```
       F6 C    F6    C      F6 C    F6      C
3.  After my picture fades and darkness has turned to grey,
    F6   C     F6    C      F6 C    F6   C
    watching through windows, you're wondering if I'm O.K.

       F  G Em F    G     Em F   G    Em  F
Br: Secrets stolen from deep inside. The drum beats out of time.

                  G                Am
Ref: If you're lost, you can look and you will find me...
```

THE LETTER

Musik & Text: Carson, Wayne   © 1967 by Budde Songs, Inc.
SV: Edition Nordton (via Rolf Budde Musikverlag GmbH, Berlin)

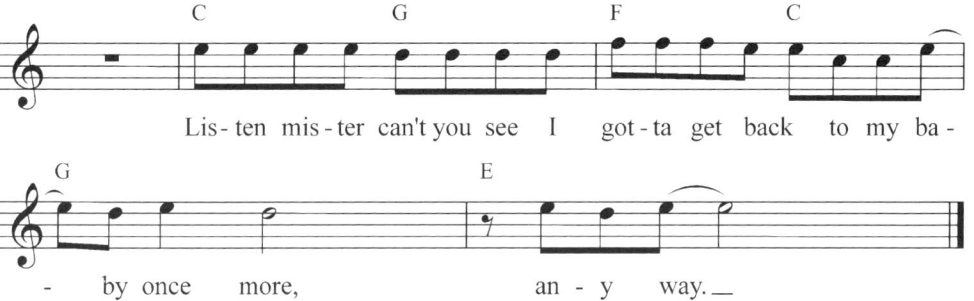

```
            Am                F         G              D
3.   Gimme a ticket for an aeroplane, ain't got time to take a fast train.
            Am                F         E              Am
     Lonely days are gone, I am going home, my baby just wrote me a letter.


              C       G
Ref: Yes she wrote me a letter...

     Am                        F         G              D
4.   I don't care how much money I gotta spend, got to get back to my baby again.
     Am                F         E              Am
     Lonely days are gone, I am going home, my baby just wrote me a letter.


              C       G
Ref: Yes she wrote me a letter...  wdh und verklingen lassen
```

99 LUFTBALLONS

Musik: Jörn-Uwe Fahrenkrog-Petersen
Text: Carlo Karges   © by Edition Hate der EMI Songs Musikverlag GmbH & Co. KG, Hamburg

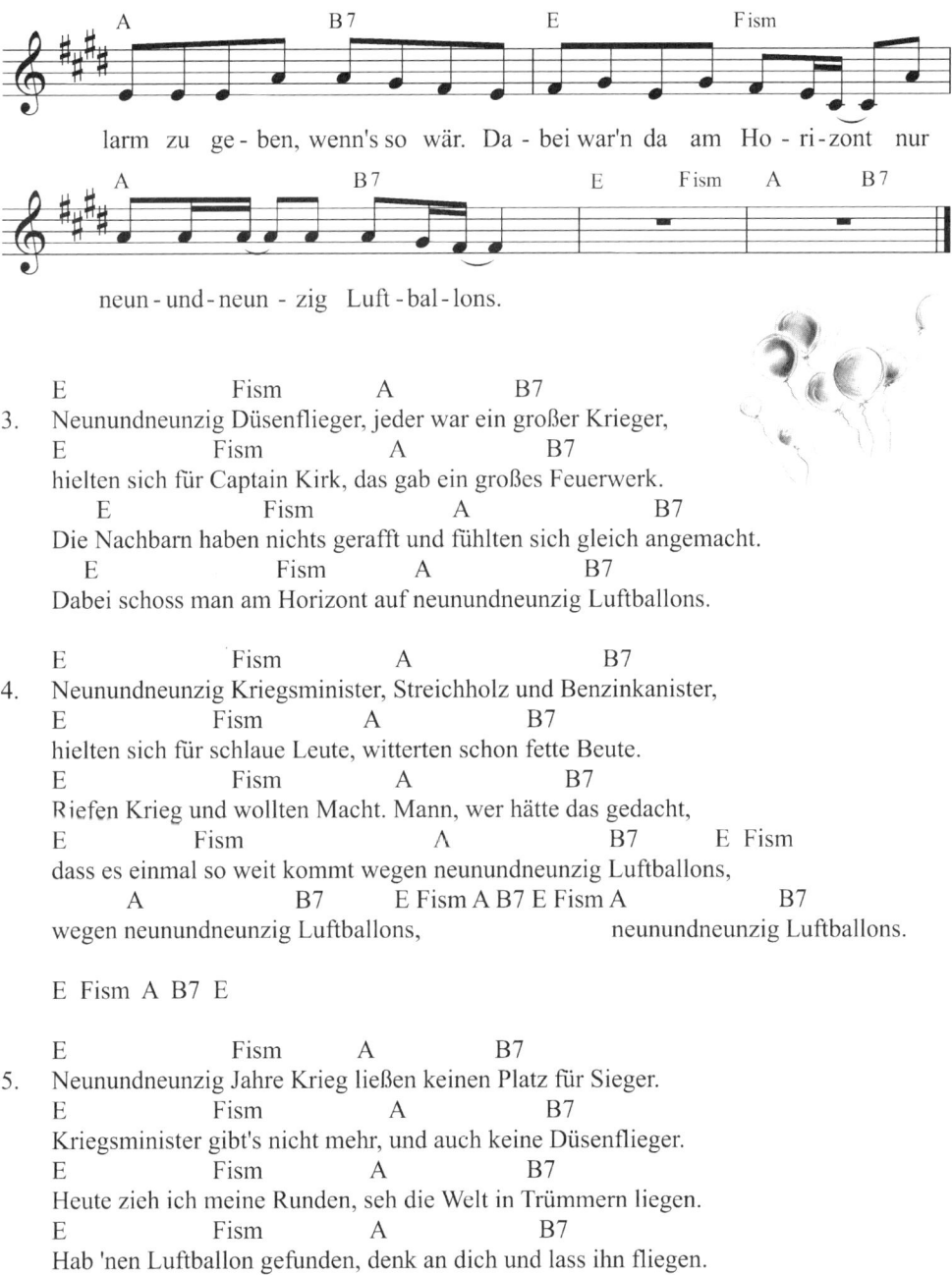

|A   B7   E   Fism|

larm zu ge-ben, wenn's so wär. Da-bei war'n da am Ho-ri-zont nur

|A   B7   E   Fism   A   B7|

neun-und-neun-zig Luft-bal-lons.

      E   Fism   A   B7
3. Neunundneunzig Düsenflieger, jeder war ein großer Krieger,
      E   Fism   A   B7
   hielten sich für Captain Kirk, das gab ein großes Feuerwerk.
      E   Fism   A   B7
   Die Nachbarn haben nichts gerafft und fühlten sich gleich angemacht.
      E   Fism   A   B7
   Dabei schoss man am Horizont auf neunundneunzig Luftballons.

      E   Fism   A   B7
4. Neunundneunzig Kriegsminister, Streichholz und Benzinkanister,
      E   Fism   A   B7
   hielten sich für schlaue Leute, witterten schon fette Beute.
      E   Fism   A   B7
   Riefen Krieg und wollten Macht. Mann, wer hätte das gedacht,
      E   Fism   A   B7   E Fism
   dass es einmal so weit kommt wegen neunundneunzig Luftballons,
      A   B7   E Fism A B7 E Fism A   B7
   wegen neunundneunzig Luftballons,   neunundneunzig Luftballons.

  E Fism A B7 E

      E   Fism   A   B7
5. Neunundneunzig Jahre Krieg ließen keinen Platz für Sieger.
      E   Fism   A   B7
   Kriegsminister gibt's nicht mehr, und auch keine Düsenflieger.
      E   Fism   A   B7
   Heute zieh ich meine Runden, seh die Welt in Trümmern liegen.
      E   Fism   A   B7
   Hab 'nen Luftballon gefunden, denk an dich und lass ihn fliegen.

BLUE SUEDE SHOES

Text & Musik: Carl Perkins   © by WREN MUSIC MELODIE DER WELT, J. Michel KG, Frankfurt/Main für Deutschland, Österreich und Schweiz   Abdruck erfolgt mit freundlicher Genehmigung von MELODIE DER WELT, J. Michel KG, Musikverlag Frankfurt/Main

2. Acht Takte instrumental
            E7   A
You can knock me down, step in my face, slander my name all over the place,
       A
and burn my house, steal my car, drink my liquor from my old fruit jar,

do anything that you want to do, but uh uh honey, lay off of my shoes,
        D7   A
and don't you step on my blue suede shoes.
        E7   A
Well you can do anything but lay off of my blue suede shoes. Well it's

ROCK AROUND THE CLOCK

Musik & Text: Jimmy De Knight / Max C. Freedman   OV: Myers Music Inc. USA (1954)
SV: ED. Kassner & Co. Musikverlag

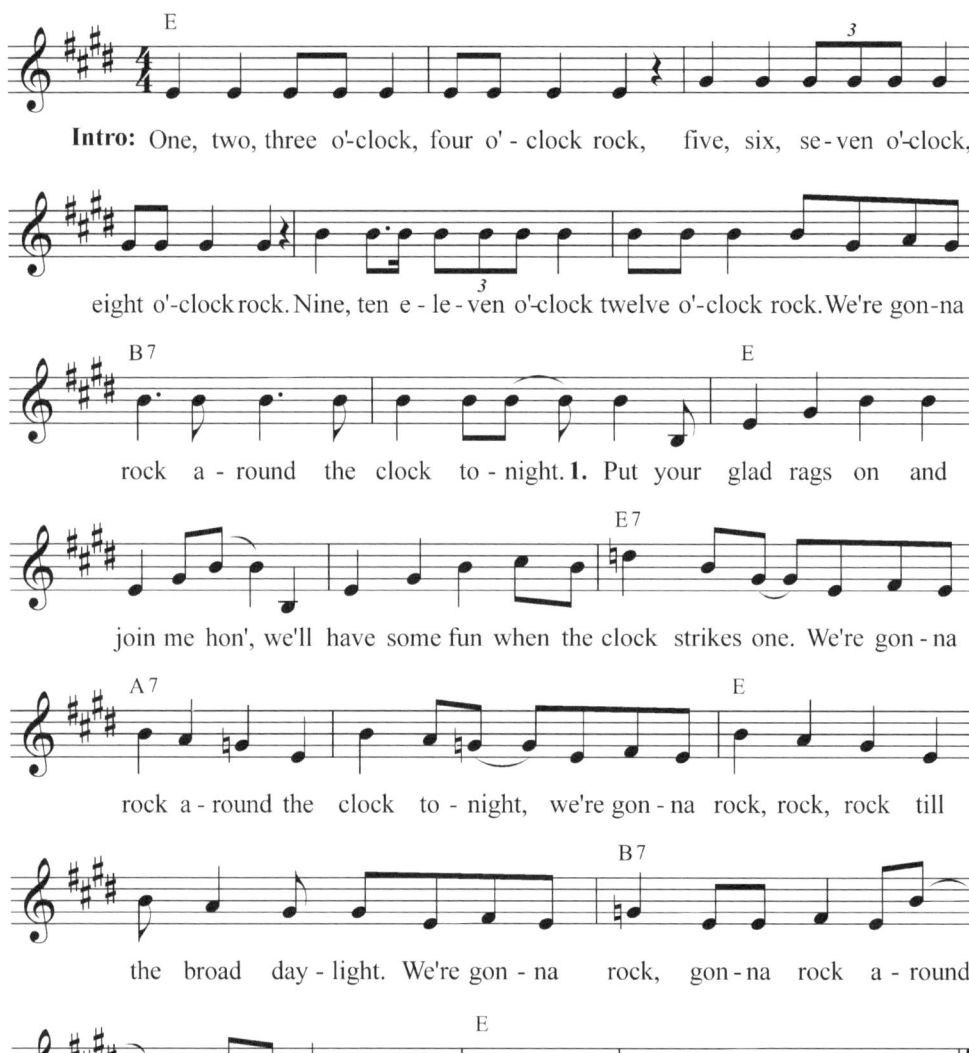

```
              E
2.   When the clock strikes two and three and four,
                             E7
     if the band slows down we'll yell for more.
                A7
     We're gonna rock around the clock tonight,
                E
     we're gonna rock, rock, rock till the broad daylight.
             B7                                      E
     We're gonna rock, gonna rock around the clock tonight.


              E
3.   When the chimes ring five and six and seven,
                       E7
     we'll be rockin' up in seventh heaven.
                A7
     We're gonna rock around the clock tonight,
                E
     we're gonna rock, rock, rock till the broad daylight.
             B7                                      E
     We're gonna rock, gonna rock around the clock tonight.


              E
4.   When it's eight, nine, ten, eleven too,
                        E7
     I'll be goin' strong and so will you.
                A7
     We're gonna rock around the clock tonight,
                E
     we're gonna rock, rock, rock till the broad daylight.
             B7                                      E
     We're gonna rock, gonna rock around the clock tonight.


              E
5.   When the clock strikes twelve, we'll cool off then,
                       E7
     start a rockin' 'round the clock again.
                A7
     We're gonna rock around the clock tonight,
                E
     we're gonna rock, rock, rock till the broad daylight.
             B7                                      E
     We're gonna rock, gonna rock around the clock tonight.
```

ICE CREAM

Text & Musik: Howard Johnson/Robert King/Billy Moll   © 1927 by Shapiro Bernstein & Co. Inc.
MELODIE DER WELT, J. Michel KG, Musikverlag, Frankfurt/Main, für Deutschland, Österreich, Schweiz und osteurop.
Länder Abdruck erfolgt mit freundlicher Genehmigung von MELODIE DER WELT, Michel KG, Musikverlag Frankfurt/Main

2.
    Bb   F7   Bb F7
I scream, you scream, we all scream for ice cream: Rah! Rah! Rah!
Bb   F7   Bb
Frosted, malted, or peppered and salted: Siss! Boom! Bah! Rah! Bah!
      Es   Bb   C7   F7
Oh! Spumoni, oh Tortoni and confidentially. Oh! Oh! Baloney.
Bb   F7   Bb F7
I scream, you scream, we all scream for ice cream: Rah! Rah! Rah!

3.
Bb   F7   Bb F7
Alpha, Beta, a frozen tomaytuh. Yes! Oh! Yes!
Bb   F   Bb
Ham an' egg a for Lambda Omega. Siss! O. S.
      Es   Bb   C7   F7
A. B. C. ses, X. Y. Z.. ses.But in the winter time no B. V. D. ses.
Bb   F7   Bb F7 Bb
Ketchup, mustard on fresh cherry custard, ice cream, Pi. Pi.

HEY JOE

Text u. Musik: William M. Roberts   © 1962 by Third Story Music
MELODIE DER WELT, J. Michel KG, Musikverlag, Frankfurt/Main, für Deutschland, Österreich, Schweiz und osteurop. Länder
Abdruck erfolgt mit freundlicher Genehmigung von MELODIE DER WELT, J. Michel KG, Musikverlag, Frankfurt/Main.

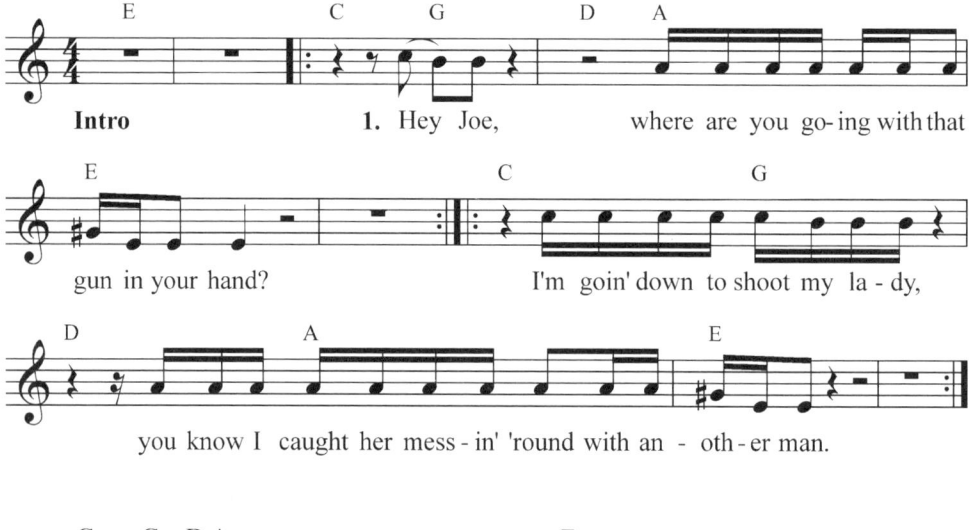

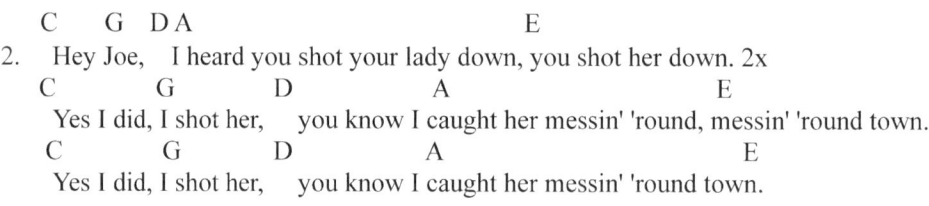

```
         C   G   D A                    E
2.  Hey Joe,   I heard you shot your lady down, you shot her down. 2x
         C       G       D       A              E
    Yes I did, I shot her,    you know I caught her messin' 'round, messin' 'round town.
         C       G       D       A              E
    Yes I did, I shot her,    you know I caught her messin' 'round town.


         C   G  D A                     E
3.  Hey Joe,   where you gonna run to now, where you gonna run? 2x
         C   G   D        A              E
    I'm going   way down south, way down Mexico.
         C   G   D        A              E
    I'm going   way down south, way down, where I can be free.
```

Mit seiner Version von Hey Joe hatte Jimi Hendrix 1967 einen seiner größten Hits.
Dieses Lied wird noch heute sehr stark mit ihm in Verbindung gebracht, obwohl es gar nicht
von ihm stammt. Hier eine vereinfachte Fassung fürs Lagerfeuer.

INTERNATIONALE LIEDER

INTERNATIONALE LIEDER

KALINKA

Text & Melodie: Trad. aus Russland   Dt. Text: Wolf Kinzel   © Voggenreiter Verlag, Bonn

```
       G  D7 G     D7 G G7 C         Am           G  D7
2.  Liebe Föhre, grüne Föhre, lass doch das Rauschen über mir!
    G7  D7  G      D7 G G7 C         Am         G  Am Em B7
    Aida, luli, luli, aida, luli, luli,  lass doch das Rauschen über mir!       Ref: Kalinka...

       G  D7  G       D7 G G7   C         Am           G  D7
3.  Schönes Mädchen, liebes Mädchen, hab mich doch ein bißchen gern!
    G7  D7  G      D7 G G7 C         Am         G  Am Em B7
    Aida, luli, luli, aida, luli, luli,  hab mich doch ein bißchen gern!       Ref: Kalinka...
```

UN POQUITO CANTAS

trad. aus Südamerika   Aus: „Lied & Song"   dt. T. Heinz Benker   © 1976 by Edition Hieber im Allegra Musikverlag

1. Un po-qui-to can-tas, un po-qui-to bai-las,
un po-qui-to le-lo-la, como un ca-na-ri-o.
Ref: Le-lo-la__ le-lo-la__ le-lo-le-lo le-lo-la__
le-lo-la le-lo-la__ le-lo-le-lo-la.

       Dm   A7   Dm
2. Un poquito vino, un poquito aire
              A7   Dm
    un poquito le-lo-la como un canario. Ref: Le- lo-la…

       Dm   A7   Dm
3. Un poquito vientos, un poquito sombras,
              A7   Dm
    un poquito le-lo-la como un canario. Ref: Le- lo-la…

       Dm   A7   Dm
4. Un poquito machos, un poquito chicas,
              A7   Dm
    un poquito le-lo-la como un canario. Ref: Le- lo-la…

VIVA LA FERIA

Text & Musik: Traditional

BÉSAME MUCHO

Musik & Originaltext: Consuelo Velazquez
© Copyright 1941 by Promotora Hispano Americana de Musica S.A., Mexico
Für Deutschland: Peermusic (Germany) GmbH, Hamburg

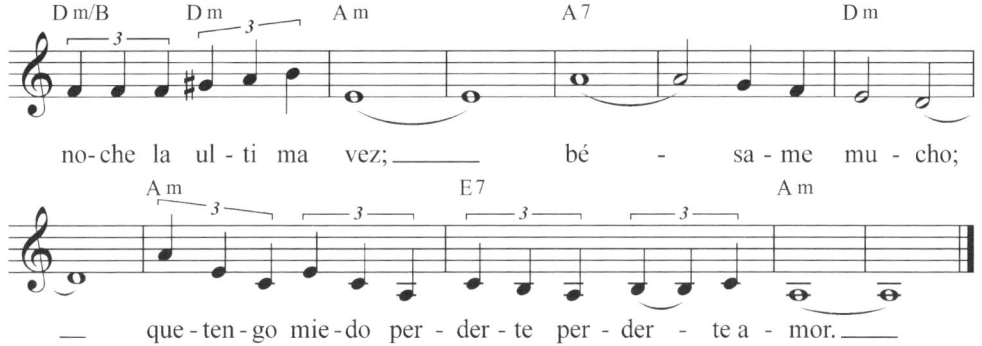

Englische Fassung:

```
Am              Dm      Dm      Dm/C        Dm/B       Dm      Am
```
Bésame, bésame mucho. Each time I cling to your kiss I hear music divine.
```
A7      Dm      Am              E7                      Am
```
Bésame mucho hold me my darling and say that you'll always be mine.
```
Dm              Am                      E7              Am
```
This joy is something new, my arms enfolding you, never knew this thrill before.
```
Dm              Am                      B7         F7      E7
```
Who ever thought I'd be holding you close to me, whisp'ring: "It's you I adore".
```
Am              Dm      Dm      Dm/C          Dm/B
```
Dearest one if you should leave me, each little dream would take wing
```
        Dm         Am
```
and my life would be through.
```
A7      Dm      Am              E7                      Am
```
Bésame mucho. Love me forever and make all my dreams come true.

SANTA LUCIA

Traditional aus Neapel, 19. Jahrh.

```
              A       E        E7           A
   2. Con questo zeffiro cosi soave oh! Com' è bello star su la nave!
       A        D         A         E  E7    A
      Su passaggieri, venite via! Santa Lucia! Santa Lucia!  2x

              A       E        E7           A
   3. In fra le tende bandir la cena in una sera cosi serena!
       A        D         A         E  E7    A
      Chi non domanda, chi non desia? Santa Lucia! Santa Lucia!  2x

              A       E        E7           A
   4. Mare si placido, vento si caro scordar fà i triboli al marinaro.
       A        D         A         E  E7    A
      E va gridando con allegria, Santa Lucia! Santa Lucia!  2x

              A       E        E7           A
   5. O dolce Napoli, o suol beato, ove sorridere volle il creato.
       A        D         A         E  E7    A
      Tu sei l' impero dell' armonia! Santa Lucia! Santa Lucia!  2x
```

PLAISIR D'AMOUR

Text & Musik: Traditional

1. Plaisir d'amour ne dure qu'un moment, chagrin d'amour dure toute la vie.

        G   D7 Em   C   G   D7
2. The joys of love are but a moment long,
       Em D7 G Am   G   D7 G
    the pain of love endures the whole life long.

        G   D7   Em   C   G   D7
3. Your eyes kissed mine, I saw the love in them shine,
       Em   D7 G   Am   G   D7   G
    you brought me heaven right then when your eyes kissed mine.

        G   D7   Em   C   G   D7
4. My love loves me, and all the wonders I see,
       Em D7 G   Am   G   D7 G
    a rainbow shines in my window, my love loves me.

        G   D7 Em   C   G   D7
5. And now he's gone, like a dream that fades into dawn,
       Em   D7 G   Am   G   D7 G
    but the words stay locked in my heartstrings, "my love loves me."

TULA TULA

Text & Musik: trad. afrikanisch

NIKETI

Text & Musik: trad. indianisch

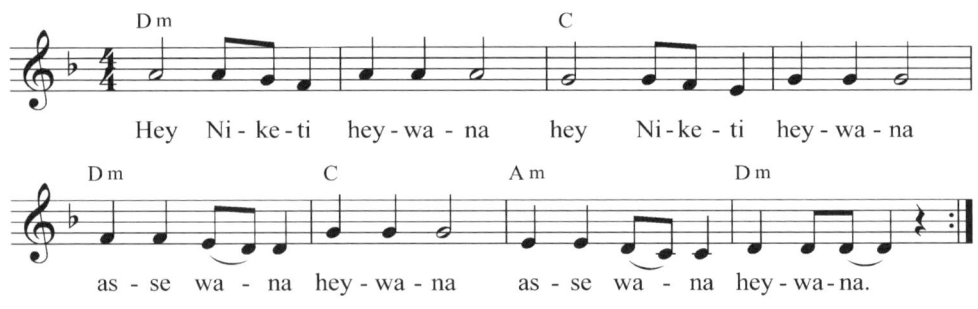

Wir sind alle im Herzen verbunden, ganz gleich, wo wir herkommen und ganz gleich, wohin wir gehen!

TINA

Text & Musik: Marion Roberts   © Sanga Music Inc
Rechte für Deutschland, Österreich, Schweiz und Osteuropa: ESSEX MUSIKVERTRIEB GMBH, HAMBURG

WHISKEY IN THE JAR

Traditional Arranged by Phil Lynott, Brian Downey & Eric Bell
© Copyright 1973 Pippin The Friendly Ranger Music Company Limited.
Universal Music Publishing Limited. Used by permission of Music Sales Limited.
All Rights Reserved. International Copyright Secured

2. I counted out his money and it made a pretty penny,
   I put it in my pocket to take home to darlin' Jenny.
   She sighed and swore she loved me and never would deceive me,
   but the devil take the women, for they always lie so easy: Ref: Musha ringum...

```
       C                    Am
3.  I went into me chamber all for to take a slumber,
         F                      C
    to dream of gold and girls and of course it was no wonder.
                                  Am
    Me Jenny took me charges, and she filled them up with water,
         F                      C                        G7
    called on Captain Farrell to get ready for the slaughter.    Ref: Musha ringum...


       C                    Am
4.  It was early in the morning before I rose for travel,
         F                      C
    a came a band of footmen and likewise Captain Farrell.
                                Am
    I then produced my pistol for she stole away my rapier,
         F                      C                        G7
    I couldn't shoot the water so a prisoner I was taken.    Ref: Musha ringum...


       C                    Am
5.  They put me into jail with a judge all a writin',
         F                   C
    robbin' Captain Farrell on a Gilgara mountain.
                                  Am
    But they didn't take me fists and I knocked the jailer down,
         F                      C                   G7
    and bid a farewell to this tight-fisted town.    Ref: Musha ringum...


       C                    Am
6.  I'd like to find me brother, the one that's in the army.
         F                            C
    I don't know where he's stationed in Cork or in Killarney.
                                Am
    Together we'd go roamin' o'er the mountains of Kilkenny
         F                            C                       G7
    and I swear he'd treat me fairer than me darlin' spotin' Jenny.  Ref: Musha ringum...
```

CARRICK FERGUS

Text & Musik: Traditional

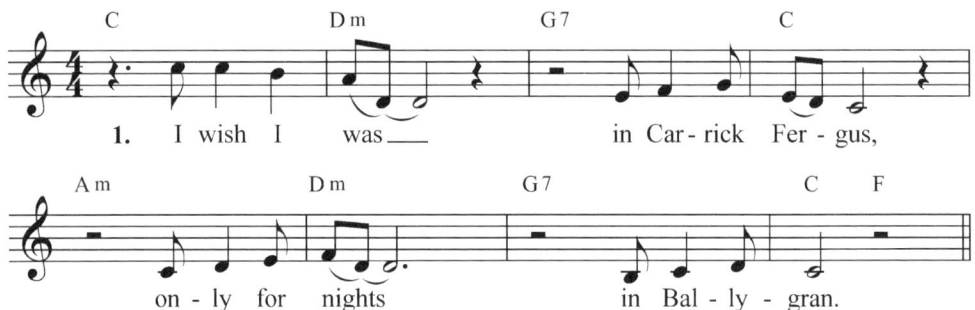

1. I wish I was in Carrick Fergus,
only for nights in Ballygran.

    C   Dm G7   C
I would swim over the deepest ocean
  Am   Dm G7   C F
only for nights in Ballygran.

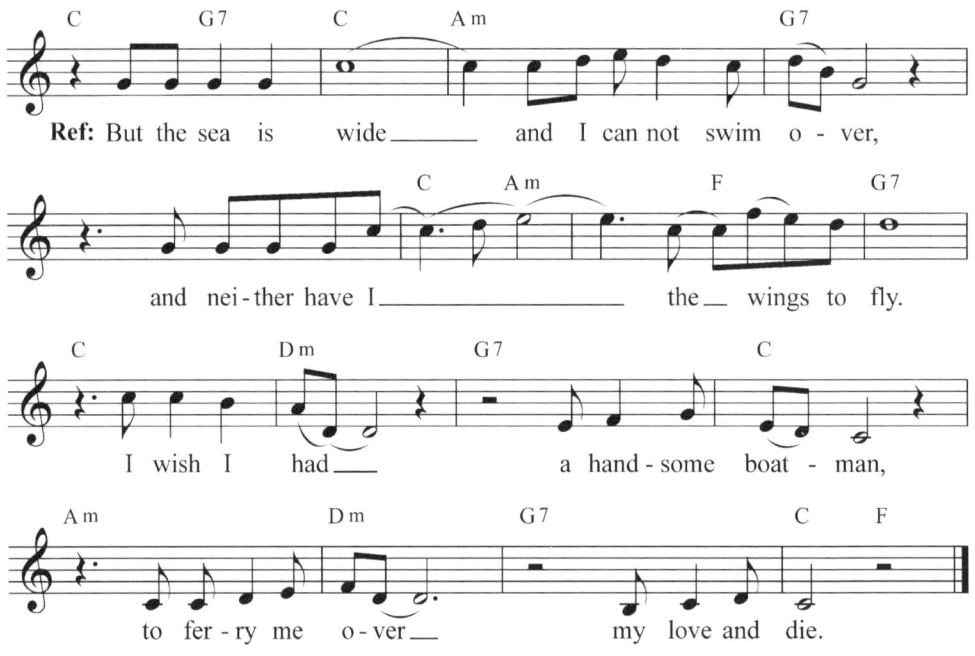

Ref: But the sea is wide and I cannot swim over,
and neither have I the wings to fly.
I wish I had a handsome boatman,
to ferry me over my love and die.

```
        C           Dm   G7         C
2.  My childhood days   bring back sad reflections
    Am       Dm   G7            C  F
     of happy times   I spent so long ago.
        C           Dm   G7         C
     My boyhood friends   and my own relations
    Am          Dm   G7         C   F
     have all passed now   like the melting snow.


       C     G7      C   Am        G7
Ref: But I'll spend my days   in endless roaming
              C  Am     F      G7
      soft is the gras   my bed is free.
       C       Dm      G7         C
      Ah, to be back now   in Carrick Fergus
      Am         Dm   G7       C   F
       on that long road   down to the sea.


       C        Dm    G7      C
3.  And in Kilkenny,   it is reported,
      Am      Dm       G7        C  F
       are marble stones there   as black as ink.
       C          Dm   G7         C
       With gold and silver   I would support her
      Am         Dm       G7       C   F
       but I'll sing no more now   till I get a drink.


       C     G7     C  Am        G7
Ref: I'm not drunk today   and I'm seldom sober
                C   Am      F       G7
       and handsome rover   from town to town.
       C          Dm   G7         C
       Ah, but I'm sick now   my days are numbered
      Am         Dm      G7         C  F C
       so come all ye young men   and lay me down.
```

HAPPY BIRTHDAY

Text und Musik trad. aus England

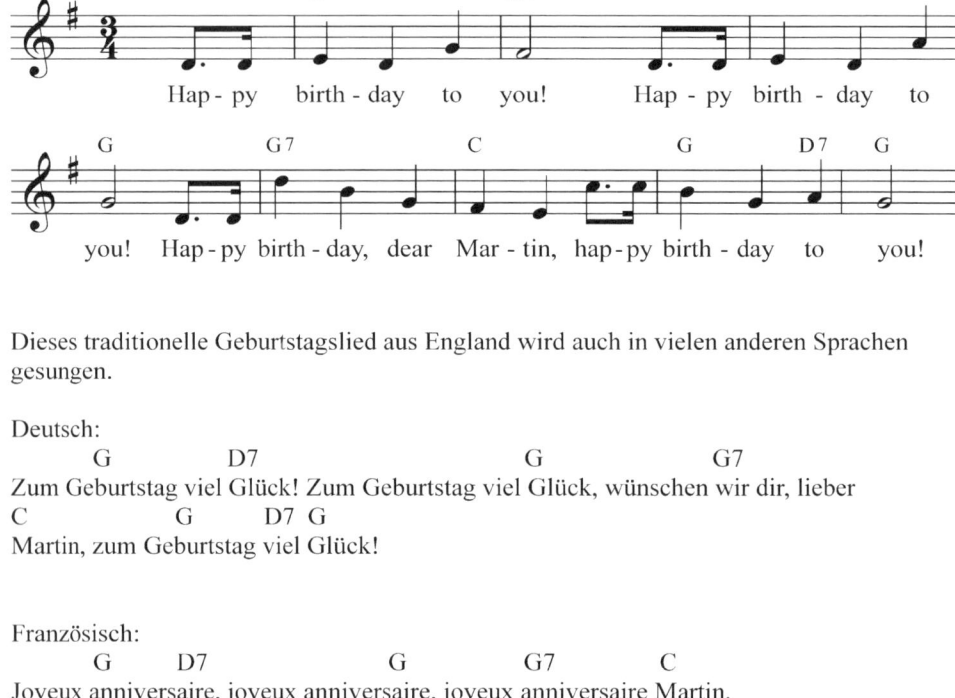

Dieses traditionelle Geburtstagslied aus England wird auch in vielen anderen Sprachen gesungen.

Deutsch:
```
      G          D7                 G              G7
Zum Geburtstag viel Glück! Zum Geburtstag viel Glück, wünschen wir dir, lieber
C         G    D7 G
Martin, zum Geburtstag viel Glück!
```

Französisch:
```
      G     D7           G        G7          C
Joyeux anniversaire, joyeux anniversaire, joyeux anniversaire Martin,
   G  D7 G
joyeux anniversaire.
```

Spanisch:
```
     G     D7          G      G7 C       G D7 G
Mucha felicidad, mucha felicidad, en el día a hoy mucha felicidad.
```

Italienisch:
```
       G     D7           G        G7           C          G D7 G
Tanti auguri a te, tanti auguri a te, tanti auguri, caro Martino, tanti auguri a te!
```

Tschechisch:
```
     G       D7          G        G7        C           G   D7 G
Hodně štěstí, zdraví, hodně štěstí zdraví, hodně štěstí milý Martin, hodně štěstí zdraví!
```

BELIEBTE INSTRUMENTALSTÜCKE

BELIEBTE INSTRUMENTALSTÜCKE

FREUDE SCHÖNER GÖTTERFUNKEN

Ludwig van Beethoven (1770 – 1827)   Copyright by „Edition Metropol, Köln"

MENUETT

Johann Sebastian Bach 1685 – 1750   Copyright by „Edition Metropol, Köln"

ROMANCE

Anonym Copyright by „Edition Metropol, Köln"

ANDANTE

Fernando Carulli 1770 – 1841   Copyright by „Edition Metropol, Köln"

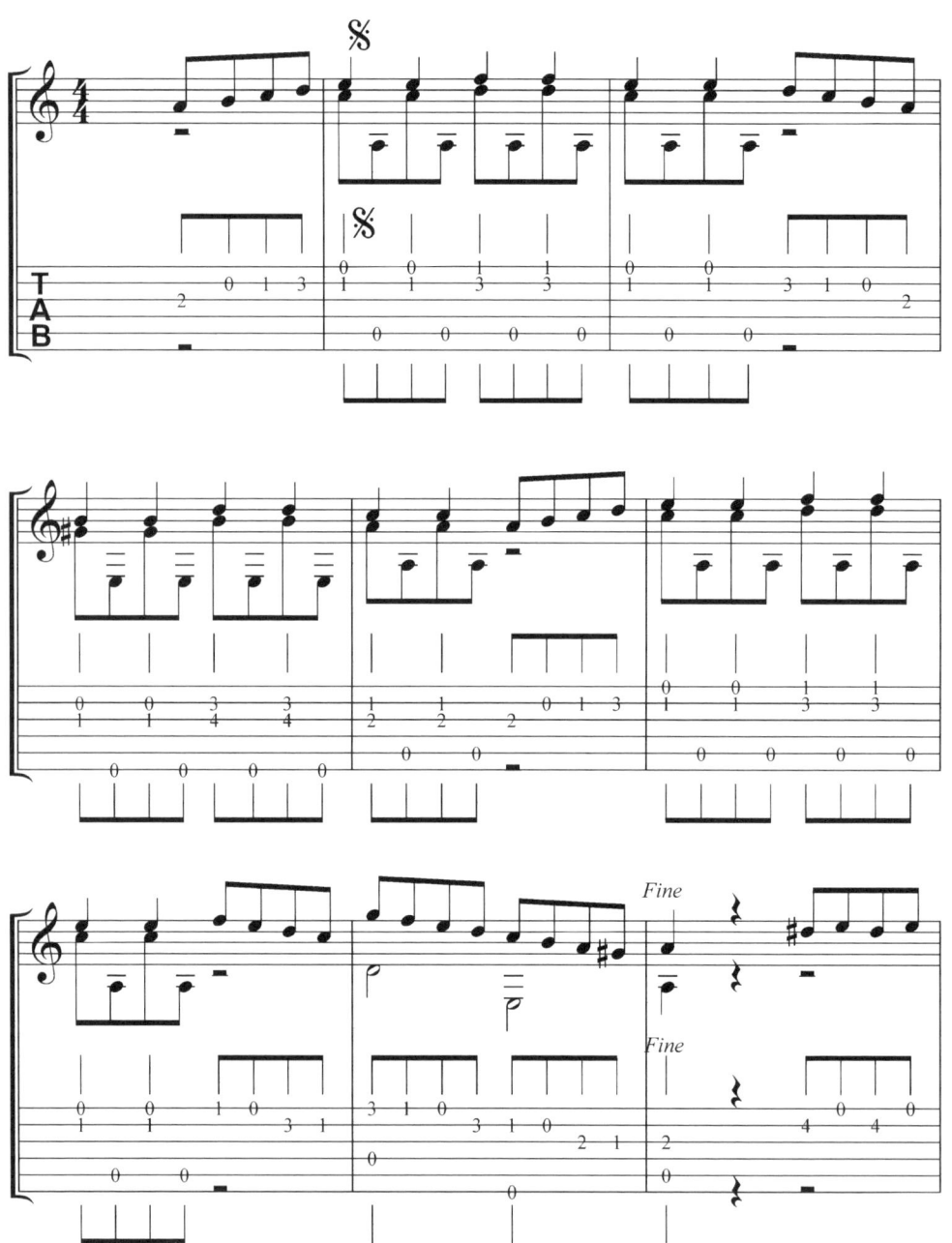

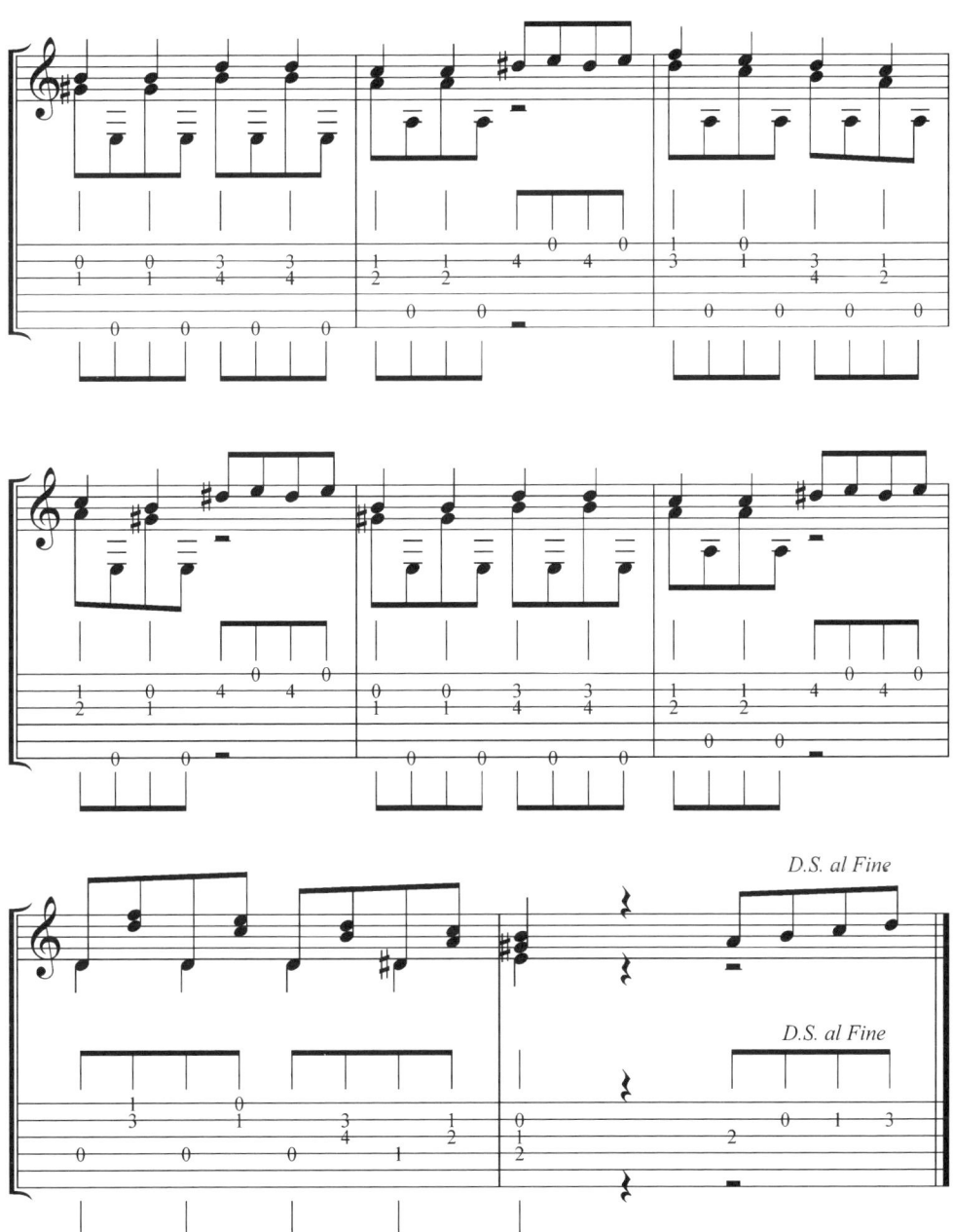

GREENSLEEVES

Traditional, altengl. Melodie

BIRKE

Musik: Ctibor Süsser   © beim Autor

ESPAGNOLETTA

Traditional

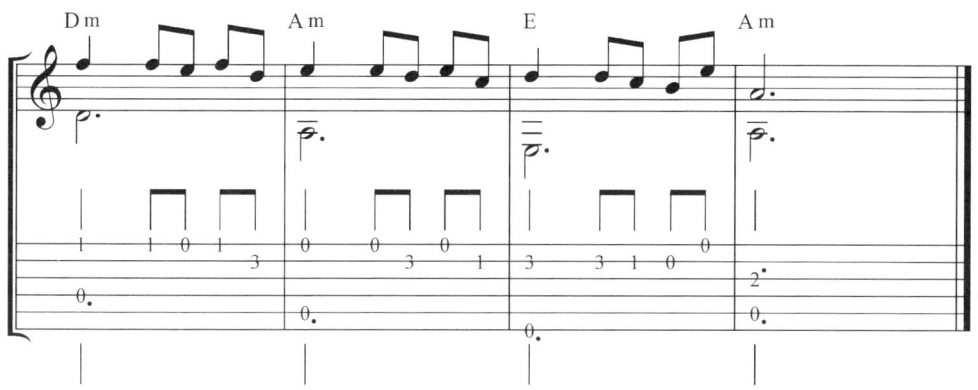
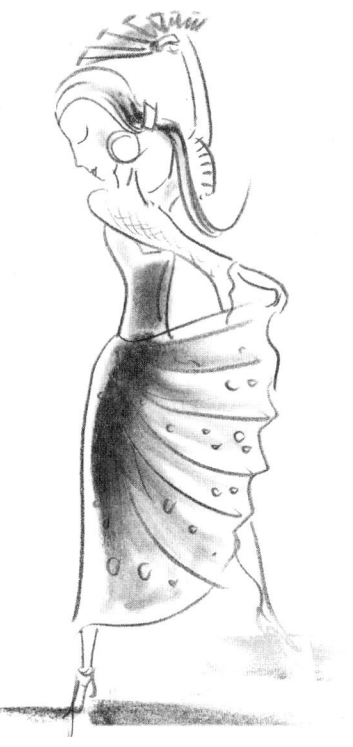

MALAGUENA

Traditional, spanische Melodie

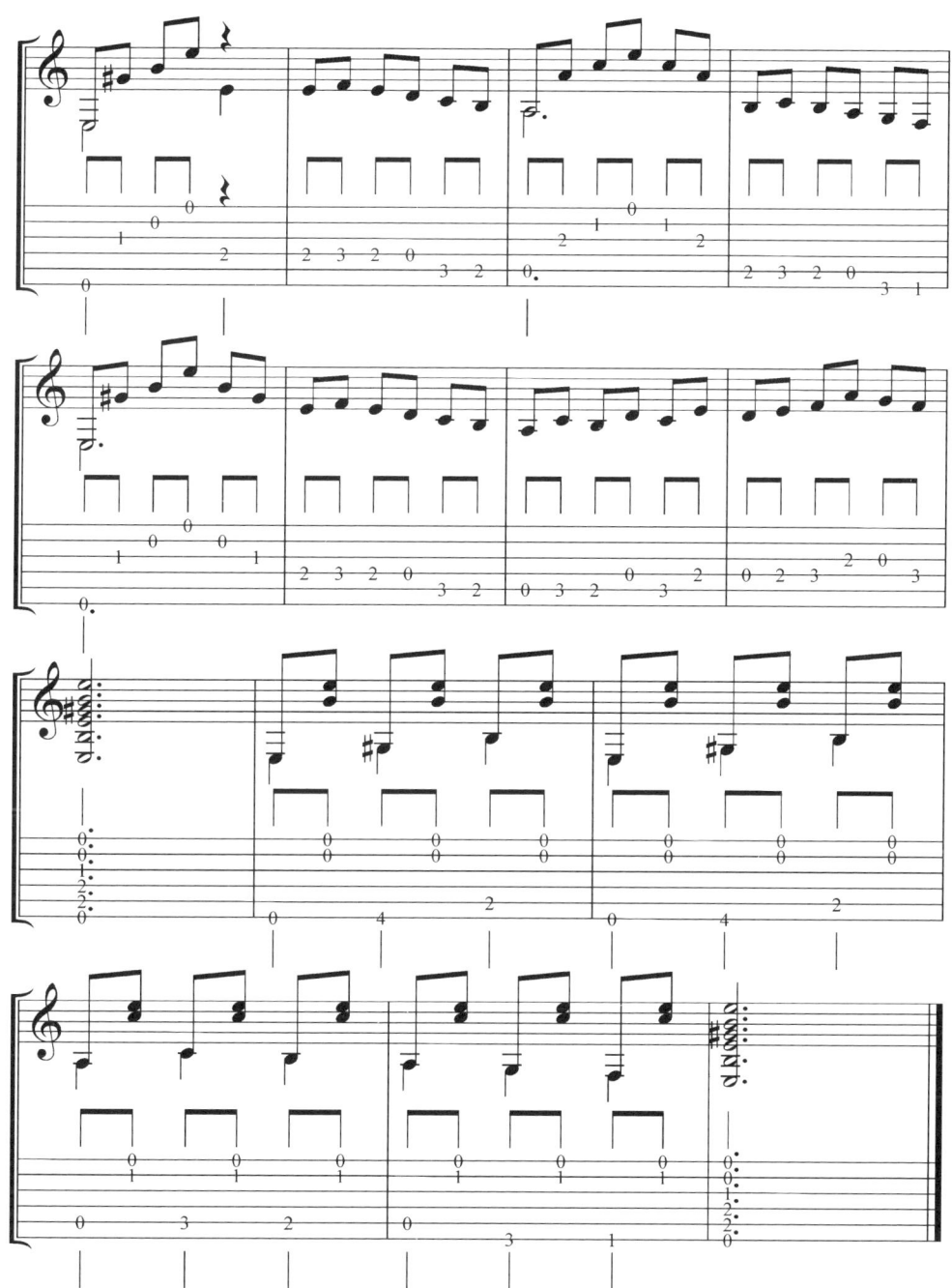

SALLY GARDENS

Traditional aus Irland

KUM BAH YAH

Spiritual Copyright by „Edition Metropol, Köln"

AMAZING GRACE

Musik: Traditional

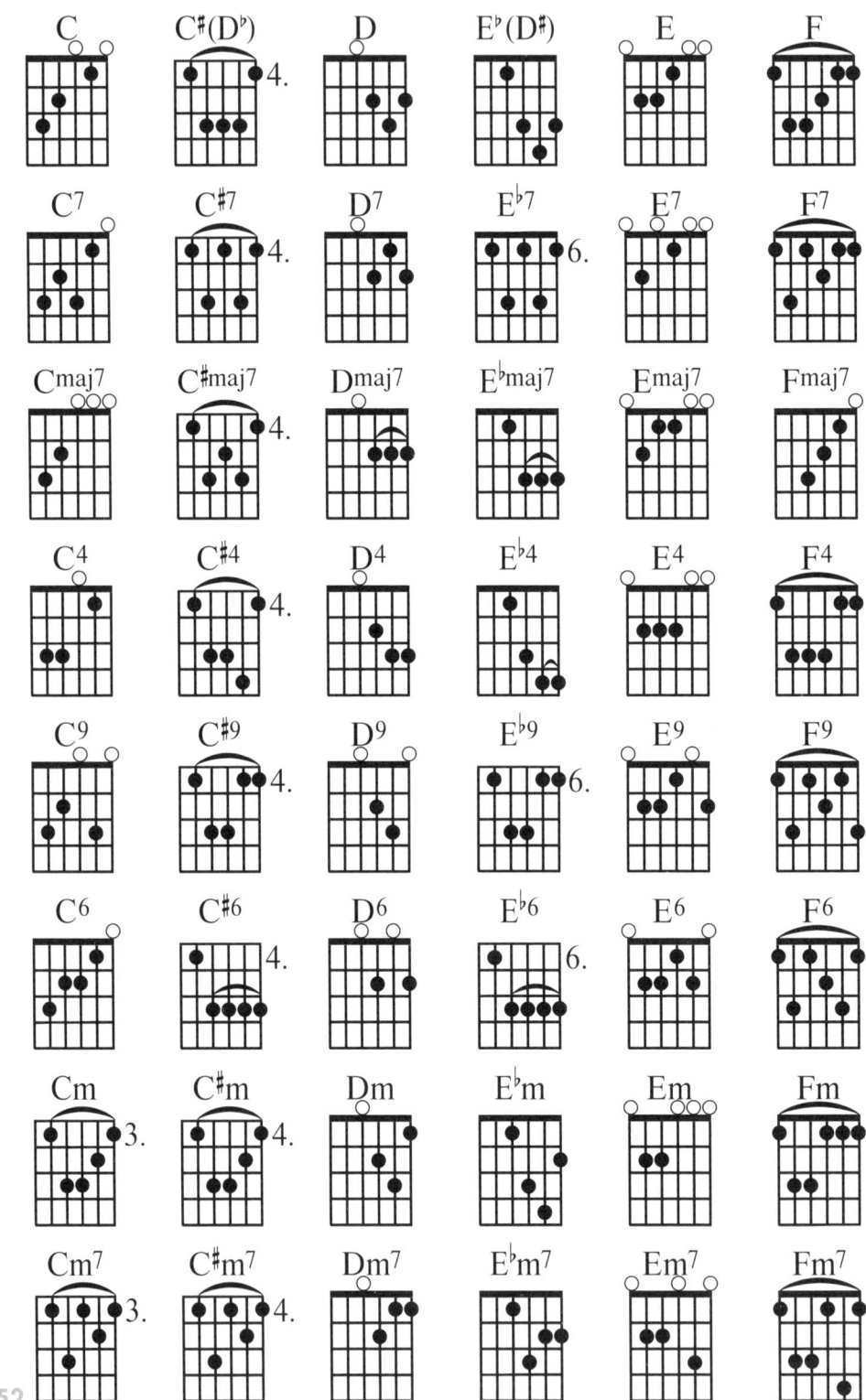

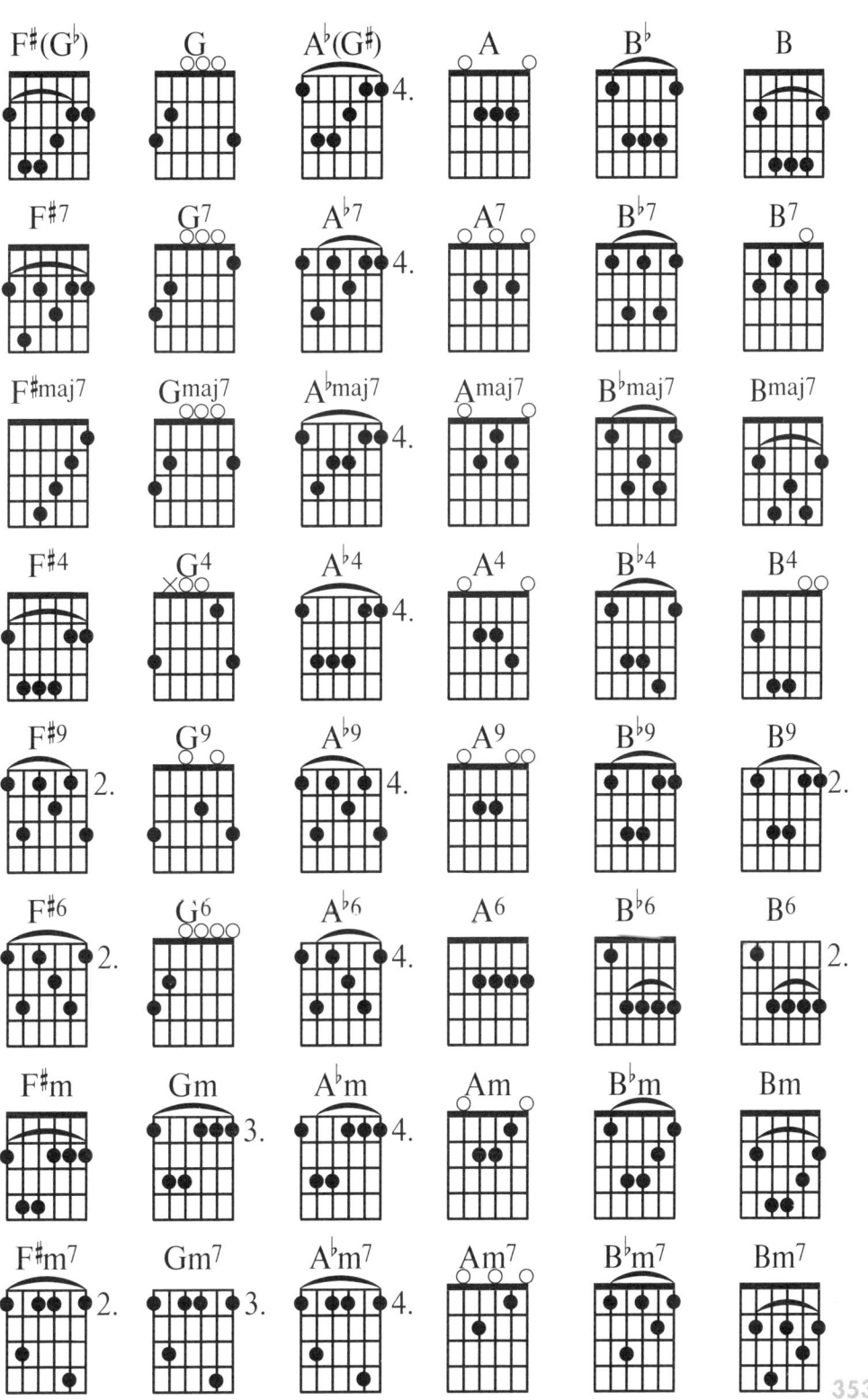

ERKLÄRUNG ZUR GRIFFTABELLE:

Da es unmöglich wäre, alle Akkorde mit ihren verschiedenen Griffvariationen darzustellen, haben wir uns auf eine sinnvolle Auswahl beschränkt. Die guten alten **H, H7** und **Hm** heißen jetzt **B, B7** oder **Bm** – die internationalen Akkordbezeichnungen setzen sich mehr und mehr durch. Unsere **C-Dur Tonleiter** lautet daher:

C – D – E F – G – A – B C

Ein Problem gibt es oft mit den Zwischentönen, hier mit – dargestellt. Je nach Tonart wird z.B. der Halbton zwischen **G** und **A** als **G♯ (Gis)** oder **A♭ (As)** betrachtet; einmal wird **G** mit Hilfe des ♯ erhöht, das andere Mal wird **A** mit Hilfe eines ♭ erniedrigt. Das Ergebnis ist gleich, aber es gibt einen Ton bzw. einen Akkord mit zwei verschieden Namen. Analog dazu kann z. B. ein **C♯7 (Cis7)** an anderer Stelle als **D♭7 (Des7)** auftauchen oder ein **E♭m (Esm)** als **D♯m (Dism)**.

Ein anderes Problem sind die Zusatzinformationen zu den Akkorden wie z.B. **Cmaj7** oder **G/A**. Hier gilt:
Eine **Zahl** neben dem Akkord ändert einen **Melodieton**, ein **Großbuchstabe** nach einem Schrägstrich ändert den **Baßton**.
Leider gibt es hier keine einheitlichen Bezeichnungen, und so taucht **maj7** oft als **j7** auf und **4** als **sus4**. Wer hier mehr wissen möchte, sollte sich mit den Grundlagen der Harmonielehre befassen. Es gibt da einige sehr empfehlenswerte Bücher, z.B. „Einstieg in die Musik" von D. Kessler, KDM-Verlag, Berlin oder „Die neue Harmonielehre" von F. Haunschild, AMA-Verlag, Brühl.
Grundsätzlich kann man natürlich die ganzen Zusatztöne weglassen und die Akkorde „normal" spielen, aber dadurch verlieren Lieder oft ihren speziellen Klang, und oft läßt ein komplizierter Akkordname wie Fmaj7 den Akkord schwieriger aussehen als er tatsächlich ist.
Also, keine Angst vor ungewohnten Griffen!

TRANSPONIER-TAFEL

Damit die Begleitgriffe nicht zu schwierig werden, sind fast alle Lieder im QuerBeet in den gitarren-typischen Tonarten gehalten, d.h. sie entsprechen manchmal nicht dem Original.

Wer mit der angegebenen Tonart nicht zurechtkommt (der Gesang wird zu hoch oder zu tief), hat zwei Möglichkeiten:
Entweder man ändert die Tonart mit dem Kapodaster (mit jedem Bund auf der Gitarre wird das Lied einen Halbton höher) oder man transportiert das Lied mit Hilfe der Transponier-Tafel.

Und das funktioniert so:

C	D	E	F	G	A	B	C
G	A	B	C	D	E	Fis	G
D	E	Fis	G	A	B	Cis	D
A	B	Cis	D	E	Fis	Gis	A
E	Fis	Gis	A	B	Cis	Dis	E
F	G	A	B♭	C	D	E	F
B♭	C	D	Es	F	G	A	B♭

Wenn man beispielsweise ein Lied in C-Dur hat (kein Vorzeichen) und dieses in die Tonart G-Dur (1♯) transponieren will, dann gilt:

Jeder Griff wird aus der im Lied angegebenen Tonart (d.h. mit seinem jeweiligen Dur-, Moll oder ^{7}er-Charakter) in die gewünschte Tonart übertragen – z.B. würde aus dem Akkord C-Dur dann G-Dur, aus A-Moll würde E-Moll und aus dem G^7 ein D^7.
In den anderen Tonreihen läuft das nach dem selben Plan. Einfach die Griffe in die gewünschte Zeile übernehmen.

So einfach ist das!

RELIGIÖSE LIEDER

Bleibet hier und wachet mit mir	39
Caminando va	44
Can the circle be unbroken	66
Christus, dein Licht	53
Convenite homines	64
Da kannst du Osterspuren finden	42
Dein Geist macht lebendig	48
Dein Geist weht, wo er will	47
Der Friede sei mit dir	22
Du bist heilig, du bringst Heil	20
Du für mich	62
Du sei bei uns	14
Du wirst den Tod in uns wandeln	46
Ehre sei Gott	11
Eingeladen zum Fest des Glaubens	8
Eingeladen zum Fest des Lebens	7
Friede mit dir	21
Gebrochenes Brot	15
Gemeinsam den Aufbruch wagen	43
Gib uns Leben aus dem Geist	50
Gott, ich danke dir	23
Halleluja	13
Halleluja Ruf	14
Heilig, der da war	17
Herr, deine Liebe ist wie Gras und Ufer	24
Herr, du bist mein Leben	28
Herr, erbarme dich	10
Herr, gib Ohren, dich zu verstehn	12
Ich seh neue Zweige	34
In manus tuas, pater	55
Irische Segenswünsche	32
Jesus christ, you are my life	63
Jesus in my house	26
Lasst uns unsre Christenfreude tragen	36
Licht der Liebe	37
Misericordias domini	54
Nobody knows the trouble I've seen	68
Öffnen, geben, Leben sein	45
Oh happy day	69
Peace like a river	70
The light of the world	58
Vater im Himmel	18
Venimus adorare eum	56
Venite adoremus	60
Vertraut dem Herrn allezeit	52
Voll Vertrauen gehen wir	30
Wagt euch zu den Ufern	38
Wenn wir unsre Gaben bringen	16
Wie ein Fest nach langer Trauer	40

VOLKSLIEDER

Das stille Tal (im schönsten Wiesengrunde)	73
Der Mond ist aufgegangen	74
Es lebt der Eisbär in Sibirien	87
Es tönen die Lieder	79
Fein sein, beinander bleibn	91
Froh zu sein bedarf es wenig	77
Guten Abend, gut' Nacht	76
Ich heff mol in Hamborg een Veermaster seen	88
Hans bleib do	90
Jetzt fängt das schöne Frühjahr an	81
Nun will der Lenz uns grüßen	80
O wie wohl ist mir am Abend	77
Wahre Freundschaft soll nicht wanken	78
Winter ade	82
Wir lagen vor Madagaskar	84
Wir kamen einst von Piemont	86
Wir lieben die Stürme	83
Zizibe	92

KINDER- UND SPASSLIEDER

Auf der Mauer, auf der Lauer	96
Biene Maja	112
Der Butzemann	95
Der Kuckuck und der Esel	99
Drei Chinesen mit dem Kontrabass	97
Grün, grün, grün sind alle meine Kleider	98
Heidi	116
Hey, Pippi Langstrumpf	120
In einen Harung	106
Jetzt fahrn wir übern See	100
Knackfrosch-Rock	108
La le lu	124
Mein Hut der hat drei Ecken	103
Nils Holgersson	111
Pan Tau	118

Pinocchio	114
Schlaf ein	110
Schnappi, das kleine Krokodil	105
Spannenlager Hansel	102
Wer hat an der Uhr gedreht	115
Wilde Kerle	122
Zeigt her eure Füße	104

SCHLAGER- UND CHANSONS

An der Nordseeküste	130
Butterfly	129
Ich hab noch einen Koffer in Berlin	138
Mensch	140
Mit 66 Jahren	132
Stille ist's	142
Tapetenwechsel	144
Wahnsinn	134
Willst du mit mir geh'n	136

MUSICALS & FILMMUSIK

Catch me	154
Chan Chan	149
Chiquitita	152
Hit the road jack	161
I walk the line	160
My heart will go on	150
Ring of fire	162
The last unicorn	158
The lion sleeps tonight	156

ROCK & POP

'54, '74, '90, 2010	174
Behind blue eyes	166
Bohemian like you	168
Come away with me	210
Come on over	216
Crawling up a hill	214
Daylight in your eyes	224
Deine Schuld	180
Du trägst keine Liebe in dir	176
Easy day	170
Ein Kompliment	172
Engel fliegen einsam	222
Fallin'	208
Fly away	165
Free	192
Geile Zeit	184
Good people	218
High	194
I'm outta love	204
Ich bin ich	182
Irgendwie, irgendwo, irgendwann	226
It's so hard	202
Junimond	178
Junischnee	230
La camisa negra	234
No no never	220
Nomadi d'amore	232
Perfekte Welle	186
Radio	190
Save tonight	200
Seven years	212
Supergirl	188
Tears and rain	196
Whenever, wherever	206
Wilds Wossa	228
You're beautiful	198

OLDIES

99 Luftballons	304
A hard day's night	240
An Englishman in New York	258
Annie's song	239
Autumn leaves (Les feuilles mortes)	281
Baby can I hold you	280
Bad, bad Leroy Brown	244
Before you accuse me	246
Blue suede shoes	306
Cuts like a knife	262
Down under	260
Fernando	290
Give a little bit	264

Have you ever seen the rain	242
Head over feet	268
Hey Joe	312
I will survive	266
Ice cream	310
Into the great wide open	270
Island in the sun	288
It never rains in Southern California	272
It's a heartache	294
Lay down Sally	250
Layla	248
Moon shadow	254
One of us	274
Rock around the clock	308
Sad Lisa	256
Streets of London	276
Suzanne	282
Take it easy	286
Talkin' about a revolution	278
The first cut is the deepest	252
The joker	292
The letter	302
These boots are made for walking	296
Time after time	300
To be with you	298
You've got a friend	284

BELIEBTE INSTRUMENTALSTÜCKE

Amazing grace	350
Andante	336
Birke	340
Espagnoletta	342
Freude schöner Götterfunken	331
Greensleeves	338
Kum bah yah	348
Malaguena	344
Menuett	332
Romance	334
Sally gardens	346

INTERNATIONALE LIEDER

Bésame mucho	318
Carrick Fergus	326
Happy birthday	328
Kalinka	315
Niketi	322
Plaisir d'amour	321
Santa Lucia	320
Tina	323
Tula tula	322
Un poquito cantas	316
Viva la feria	317
Whiskey in the jar	324

Pauschalangebote für Schulklassen
Gesellschaftspolitische Bildung
Internationale Jugendbegegnungen
Medienpädagogik (Neue Medien)
Fortbildungen
Berufsbezogene Bildung

- Wir sind eine **Jugendherberge** und bieten damit allen Mitgliedern des deutschen Jugendherbergswerkes Unterkunft;
- Wir sind ein **Jugendgästehaus** und stellen unseren Service allen Gästegruppen zur Verfügung;
- Vor allem aber sind wir eine **Jugendbildungsstätte** und damit eine Einrichtung mit eigenem pädagogischen Personal und vielfältigen Ressourcen zur Durchführung von Bildungsveranstaltungen und Bildungsfreizeiten.
- Wir sind **die** Jugendbildungsstätte für den Bezirk Oberpfalz und haben gleichzeitig eine bundesweite und internationale Ausrichtung mit entsprechenden Maßnahmen.

Ausstattung

- Einzelzimmer mit DU/WC für Leitung und Betreuerinnen, Doppel-, 4-Bett- und 6-Bett-Zimmer mit insgesamt 155 Betten;
- Große Auswahl an **Seminarräumen**, weitläufiges Haus, Mehrspur-Tonstudio, Videoschnitt-Studio, Computer-Studio, Mediationsraum, Disko und Schlosskeller sowie ein stilvoller Saal.
- Vielfältige Freizeitmöglichkeiten im Haus, auf dem Schlossgelände und in der nahen Umgebung.

Inhaltlich gehören unsere Seminare zu **aktuellen gesellschaftspolitischen und sozialen Fragestellungen**. Veranstaltungen aus dem Bereich der **Jugendkulturarbeit** und der **internationalen Jugendarbeit** sind ebenso unsere Arbeitsschwerpunkte wie **Klassenseminare** und Veranstaltungen zur **Berufsorientierung**.

Dabei stellen wir uns anderen Institutionen (Jugendverbänden, Schulen, Betrieben, etc.) als kompetenter Kooperationspartner zur Verfügung.

Informationen zu aktuellen Angeboten finden Sie auf unserer Internetseite **www.jugendbildungsstaette.org**

Jugendbildungsstätte Waldmünchen
der KAB & CAJ gGmbH
Schlosshof 1, 93449 Waldmünchen
Telefon 0 99 72 / 94 14 - 0
Telefax 0 99 72 / 94 14 33
office@jugendbildungsstaette.org

KETTELERVERLAG
Fachverlag • Serviceunternehmen der KAB

Liederbuch QuerBeet 1

Religiöse Lieder
Golden Oldies
Country und Folk
Hits – Made in
Germany and Austria
Friedens- und
Arbeiterlieder
Bayerische und
Volkslieder
Gaudi und Schmalz
Euro-Allerlei

350 Seiten • illustriert
ISBN 978-3-927494-05-3

Außergewöhnlich
in der Zusammenstellung

Alle Titel mit Noten und Text

Akkordbegleitung über allen Strophe

Geeignet für Anfänger und Profis

Griffe-Tabelle

Transponiertafel mit
Erläuterung

Liederbuch QuerBeet 2

Religiöse Lieder
Volkslieder
Kinder- und
Spasslieder
Liedermacher &
Verwandtes
Schlagerkult
Musicals / Filmmusik
Rock, Pop & Blues
Golden Oldies
Tschechische Lieder

366 Seiten • illustriert
ISBN 978-3-927494-21-3

Außergewöhnlich
in der Zusammenstellung

Alle Titel mit Noten und Text

Akkordbegleitung über allen Strophen

Geeignet für Anfänger und Profis

Griffe-Tabelle

Transponiertafel mit
Erläuterung

Alle QuerBeet-Liederbücher erhältlich im:
Buch- und Musikalienhandel oder
Ketteler Verlag GmbH Köln
Niederlassung Waldmünchen
Schloßhof 1, 93449 Waldmünchen
Tel: 09972/9414-51, kontakt@ketteler-verlag.de
www.ketteler-verlag.de

NOTIZEN:

NOTIZEN:

NOTIZEN:

NOTIZEN:

NOTIZEN:

NOTIZEN:

NOTIZEN: